KB262741

날마다 좋은 날이 되는 길
스님 열여덟 분에게 배우다

기억에 남는 명법문 · 05

# 내게 와 부딪히는 바람도 사랑하라

《법보신문》·월간《불광》
공동 기획

불광출판사

차
례

지선 스님

1961년 석산 스님을 은사로 출가한 뒤 서옹 스님을 법사로 근강하였다.
범어사 동산 스님, 석암 스님을 계사로 비구계와 구족계를 수지하였다.
사회민주화운동과 인권통일운동에 정진하였으며 종단개혁에 앞장섰다.
영광 불갑사, 제주 관음사, 장성 백양사 주지를 역임하였다. 2004년부터
고불총림 백양사 유나로 수좌들을 지도하고 있다.

# 인류의 마지막 할 일은
# 수행입니다

제가 지금 말을 않고 지낸 지가 십 년이 넘다 보니 말이 잘 안 나와요. 선방에 가만히 앉아 있으면 그게 모든 것을 다 털어서 잊어버리는 겁니다. 말이 있는 데서 말이 없는 곳으로 가는 것이 선(禪)이기 때문에, 선방에 오래 있다 보면 말을 잘 못하게 됩니다. 오늘 법회에 와서 무슨 말을 해야 할까 생각하니 딱 막히는 거예요. 요즘 불자님들은 이곳저곳 다니고 불교TV도 보면서 온갖 법문을 다 들었을 텐데 무슨 말을 해야겠는가…….

길을 가다가 길을 잃으면 어떡합니까? 다시 도로 짚어 내려와서 처음부터 다시 시작하면 돼요. 저는 옛날에 말을 많이 했던 사람이라 그때를 되살려서 이야기를 해 보겠습니다.

# 얽히고 설킨 것이
# 우리네 인생

현대에는 과학이 발전해서 먹고살기는 편리하고 윤택하지만 땅을 떠나고 노동을 떠나서, 심성이 척박해지고 거칠어졌어요. 이럴 때는 수행의 힘이 없기 때문에 다투면서 아귀나 아수라같이 되어 버립니다. 천륜, 도덕, 인문학이 무너져서 인간이기를 포기해 버리는 세상입니다.

한량없는 부처님 법문이 있지만 이런 시대에 적합한 달마대사의 이입사행론(二入四行論)을 말씀드리겠습니다.

사행론의 첫 번째는 보원행(報怨行)입니다. 우리가 받고 있는 육체적, 정신적인 일체의 고통은 과거에 지은 업장의 결과예요. 보원행이란 현실 속의 모든 고통을 내 업장의 결과로 받아들이고 참회와 반성을 하면서 원한을 갖지 않는 겁니다. 그런 마음을 먼저 바탕에 두고 인과를 믿어야 합니다. 인과라고 하면 전생의 업보로 금생에 뭐가 되고, 금생의 과보로 또 내생에 뭐가 된다는 삼세(三世)인과만 있는 것이 아니에요. 시시때때로 짓고 받는 거예요. 하루에도 좋아하는 생각, 미워하는 생각, 애착으로 인해 남을 증오하는 생각이 수없이 드나듭니다. 이런 생각이 있으면 순식간에 아귀도 되었다가 축생도 되었다가 하지요. 그래서 다윈이라는 자연 과학자는 이렇게 말했습니다. 인과라는 것은 무엇이 되었다가 또 무엇이 되는 것이 아니라, 무엇이 되어 가고 있는가를 살펴보는 과정이라고 했어요. 절에 다니면서 몸과 마음의 꼴이 보살도를 향해 가고 있는가, 아니면 시시비비에 휩싸여서 욕망의 삶으로 가고 있는가 살펴봐야 합니다.

두 번째로 수연행(隨緣行)이라고 했어요. 현실적인 고통과 즐거움은 모두 인연에 의한 것입니다. 내가 업을 지었기 때문에 업보를 받는다, 이것이 인연법이지요. 그런데 거기서 그치면 안 돼요. 그 인연 자체가 실체가 없는 거예요. 하는 일마다 술술 잘 풀리는 순경(順境)이 오거나 어려운 일에 닥쳐서 잘 안 풀리는 역경(逆境)이 몰아쳐 오더라도 흔들리지 않고 무아를 관찰해 나가야 합니다. 기쁜 일이 생겨도 박수 치고 기뻐할 것이 아니고, 또 슬프고 억울한 일이 있어도 땅 치고 울 게 아니에요. 이런 순경과 역경이 날줄과 씨줄처럼 서로 얽힌 것이 인생입니다. 좋은 일이든 나쁜 일이든 잠시 스쳐 가는 바람이요 출렁이는 물결이니, 내 착한 성품에 맡겨 버리고 그냥 그렇게 신행의 자세로 살아라 하는 겁니다.



지선 스님

# 절박한 심정이라야
# 깨달음에 이른다

세 번째는 무소구행(無所求行), 다시 말해서 구한 바가 없는 행입니다. 우리가 죽을 때까지 지녀야 할 부처님 말씀, 그 가치를 밖에서 구하지 말자는 겁니다. 보고 만질 수 있는 사물이나 생했다 멸하는 부귀영화, 있다가 없어지는 현상에 집착할 필요가 없습니다. 또 안으로도 마찬가지입니다. 마음 한가운데 있는 삿된 생각, 환상과 같은 번뇌 망상을 알아 버리면 일체가 다 공합니다. 해탈 열반도 따로 구해서 얻으려고 할 일이 아니에요. 중생 번뇌가 끊어져 버리면 그 자리가 바로 성인의 해탈 열반의 자리입니다. 순리적으로 구해지면 구해진 대로, 안 구해지면 안 구해진 대로 그냥 사는 겁니다. 오직 지킬 것은 맑고 크고 넓고 깨끗한 자성 청정심 자리뿐입니다.

네 번째, 칭법행(稱法行)은 부처님 법에 맞춰 살아야 한다는 말씀입니다. 아무리 세상에 번뇌가 치열하고 지식과 정보가 혼란스럽게 얽혀 있다지만 정법에 의지해서 살아야 해요. 존재하는 모든 것은 실체가 없으니 망상은 물론이고 도나 진리나 인연법도 다 제거하고 실천으로 들어가야 합니다. 아는 것은 관념이에요. 남한테 보시를 했는데 때로는 주고도 욕을 듣는 수가 있어요. 내가 도와주고 잘되라고 기대를 걸었는데 도리어 배신을 하고 더 큰 것을 요구할 때, 그걸 원망하지 말고 스승으로 삼아야 해요. 그렇게 하면 바라밀행이 됩니다. 준 것이 없다는 마음으로 오직 법다운 행을 실천하는 거예요.

이것이 생활선입니다. 지금의 간화선 모태지요. 법다운 행이 몸에 익어야 더 큰 공부의 길로 들어갈 수 있습니다. 오직 절박한 심정이라야만 참선을 할 수 있는데 사행론도 실천 못하는 사람이 어찌 제대로 된 공부에 임하겠습니까. 사행론 실천을 하면서 참선을 하면 깨닫게 되고, 깨달으면 그간의 악습으로 켜켜이 두터워진 숙습의 벽이 무너집니다. 깊은 각성을 통해서 사무쳐 깨달으면, 수억 겁 전생에 익히고 익혀왔던 악과 악습까지 한순간에 다 없어져 버리는 거예요. 깨달았다는 것은 혁명이 되는 거예요. 물고기가 용이 되는 거예요. 깨달았다고 하는 순간부터 인습과 악습이 같이 없어지는 거예요. 깨달음의 세계란 습관과 업보가 무너지고 가치와 문자의 개념에서 벗어나 있어요.


## 많은 정보가 가까이 있어도
## 불행한 이유


1970년대 초반 제주 관음사에 주지 임명을 받고 소임을 살러 갔을 때 일입니다. 제주도에 도착해 관음사 근처 포교당에서 잠을

자는데, 꿈에 사람들이 바닷가에 엄청나게 나와 있는 거예요. 해진 옷, 노란 옷, 푸른 옷을 입은 사람, 벙거지를 쓴 사람……. 자다가 깨서 생각하길 먼 길을 오느라 피곤해서 헛것이 보였구나 했어요. 내가 여기서 잘 일이 아니다 싶어서 밤중에 택시를 불러 타고 관음사에 가서 다시 잠을 자는데 그 꿈이 또 이어져요. 이상한 일이지요. 주지 살러 왔다는 말은 안 하고 팔십 넘은 노보살님한테 꿈 이야기를 했어요. 그랬더니 제주 4·3 사건 때 죽은 귀신들이래요. "스님이 이 절에 인연이 있는 분이네요." 그래서 천도재를 삼칠일간 하루에 네 번씩 했습니다. 구름같이 많은 영가가 접수됐어요. 마지막 날에는 염불 잘하는 스님들을 초청하고 반야용선을 만들어서 바닷가에 가서 염불해서 보내 드렸습니다.

그런데 희한한 것은 그 뒤로 친척 되는 늙으신 할머니 한 분이 그러는 겁니다.

"스님이 제주도 주지로 그냥 가게 된 것이 아니여."

"왜요?"

"스님 속가 큰아버지가 관음사 대웅전 지을 때 도편수 목수였으니께. 그 인연으로 주지 간 거여."

인연법이라는 것이 이렇게 연결이 됩니다. 지금 세상이 이전 세대의 인과로 다툼에 얼룩진 것도 무리가 아닙니다. 앞으로는 지금보다 세상이 더 발전할 겁니다. 그러나 탐진치로 가득 차 있는 중생은 아무리 발전해도 행복을 못 느낍니다. 지식과 정보로 알게 되는 것은 업식과 관습을 끊지 못합니다. 체험을 통해서 확인하고 점검한 사람만이 행복합니다. 어떤 세상이 와도 흔들리지 않습니다.

지금은 스마트폰 하나에 세상 정보가 다 들어 있습니다. 스님들 법문하기도 어려워집니다. 저 스님 말씀이 맞는지 틀린지 다 나오니까요. 옛날에는 경전 공부하려면 글자 한 자 찾으려고 옥편을 다 뒤지거나 강사 스님이 가르쳐 줘야 했어요. 지금은 스마트폰만 두드리면 나와요. 어떻게 그렇게 『팔만대장경』에 있는 말씀이 다 나오는지 알 수가 없어요. 사람들의 지식이 옛날 사람들에 비하면 상상을 초월할 정도로 몇 백 배 많은데도 왜 사는 것은 더 불행한가, 그것은 업식이 두터워져서 그래요. 지식과 정보만 가지고 행복해지지 않습니다. 마음속 부처 자리와 하나가 됐을 때 행복을 느낄 수 있습니다.

인류의 마지막 해야 할 일은 수행밖에 없습니다. 힐링이 지난해 유행이었어요. 그러나 생명의 근원적인 문제를 타파하지 못하면 아스피린하고 똑같아서 일시적인 방편일 뿐이지요. 계속 먹지 않으면 도로 아파요. 자기 수행은 스스로 해야 됩니다. 틈만 나면 좌선을 하세요. 망상이 피어올라도 좌선하세요. 내 마음이 조용하게 가라앉으니까 망상도 피는 거예요. 그래도 계속하여 생활이 되면 깊은 삼매에 들게 됩니다. 우리 모두 발보리심해서 성불합시다.



지
선
스
님

법산 스님

1985년 6월 중국문화대학교에서 「보조선의 연구」로 박사학위를 받고
다음 해인 1986년 3월 동국대학교 선학과 교수로 임용돼 후학 양성에 전념해 왔다.
또 보조사상연구원을 비롯해 한국선학회, 인도철학회, 한국정토학회,
아태불교문화연구원 등의 회장 및 원장을 맡으며 불교 학자들의 활동 기반을
넓히는 데 주력했다. 조계종교육위원회위원장, 승가고시위원장을 역임하며
조계종승가교육제도의 개혁을 주도하기도 했던 스님은 지난 2011년 2월
오랜 세월 몸담았던 교단을 떠나 수행과 학문 연구에 매진해 왔으며
11월 16일 동산반야회 제2대 법주로 추대됐다.

# 지혜 실천하는 보현행이 삶을 극락으로 바꾸는 열쇠

어제가 옛날이고 오늘 오전이 옛 시절입니다. 세상은 찰나마다 변화하고 있습니다. 그렇기 때문에 변화의 의미를 잘 알고 그 변화에 적응할 수 있어야 뒤처지지 않고, 그 변화와 더불어 내 몸과 마음도 함께 즐거울 수 있습니다. 변화를 눈치채지 못하고 생각이나 물질이 항상 같은 자리에 머물러 있다면 그것은 실패한 현실이라는 것 또한 깨달아야 합니다. 세상은 바뀌고 있는데 어찌 한자리에서만 있을 수 있겠습니까.

그래서 전식득지(轉識得智)라, 인식을 바꾸면 지혜로워집니다. 불교는 지혜를 향해 가는 종교입니다. 지혜는 본래 우리가 갖고 있는 것이지만 잠시 잊혀져 감추어져 있습니다. 그 지혜를 계발하는 것이 바로 수행이고, 그 수행에 가장 실천적인 보살이 바로 보현보살입니다.



법산 스님

# 미래에 극락 가려 하지 마시고
# 살아생전 만나십시오

오늘 『대방광불화엄경』 법문은 보현보살이 삼매에 든다는 내용의 「보현삼매품」입니다. 보현보살이 『화엄경』의 세 번째 품으로 등장하는 것은 그만큼 진리의 실천이 중요하다는 의미입니다. 우리는 많은 지식을 갖고 있지만 그 지식을 실천으로 옮기지 못하고 항상 고통받으며 살아갑니다. 그러니 뒤처질 수밖에 없습니다. 목이 마를 때는 반드시 물을 먹어야 합니다. 생각만 갖고는 안 됩니다. 물을 마시면 해갈이 되고 기운이 생긴다는 이치를 알아도 떠다 놓기만 하면 소용이 없습니다. 부뚜막의 소금도 집어넣어야 맛이 나지 않습니까. 그것이 부처님의 진리이며 보현보살의 실천입니다.

　하지만 우리는 보현보살의 실천이 무엇인지 모르고 살아갑니다. 지금 공부하고 있는 모든 것을 실천으로 옮길 수 있는 불자라면 부처님의 지식을 체험으로 살려서 생활을 아름답게 만들고 그 아름다움으로 즐거울 수 있어야 합니다. 그렇게 하면 그 삶이 곧 극락이 됩니다. 십만 억 국토를 지나서 극락세계에 가려 하지 마시고 살아생전에 만나십시오. 그러기 위해서는 기도와 수행을 많이 해야 합니다. 어떤 방법을 선택해도 좋습니다. 나이가 들었다는 이유로 수행을 포기하지 마십시오.

저는 학교를 정년퇴직한 이후 하안거와 동안거 모두 지리산 백장암 선원에서 참선을 하고 있습니다. 저도 선방에 오래 앉아 있으니 허리가 아프고 무릎이 시큰거립니다. 게다가 이전에는 108배를 하는 데 10분이면 족했지만 지금은 108배를 아예 하지 못합니다. 내생에나 할까 금생에는 틀렸습니다. 그래도 참선을 하다가 무릎이 아프면 무릎을 세우고 화두를 듭니다. 『금강경』을 읽다가 다리가 아프면 서서라도 읽습니다. 요즘 선방에서는 와선한다고 하면 사람들이 몰린다는 애기도 있습니다. 그것도 괜찮은 방법인 것 같습니다. 중요한 사실은 행주좌와 어묵동정의 수행을 함에 있어 그 마음이 지극하다면 앉아서 해도 되고, 서서 해도 되고, 누워서 해도 된다는 것입니다.


## 거울처럼 받아들이고
## 그대로 비춰 주기

『대방광불화엄경』은 비로자나 법신 부처님의 진리 속에서 펼쳐집니다. 비로자나 법신 부처님은 원래 모양이 없습니다. 우리 마음도 모양이 없습니다. 마치 거울과 같습니다. 모양 없는 거울은 누구의 얼굴이든 그대로 비추어 줍니다. 눈곱이 끼어 있으면 눈곱이 끼어 있다고 가르쳐 줍니다. 머리가 흐트러져 있으면 빗질을 하라고 가르쳐 줍니다. 그런데 거울에 비친 모습을 아는 사람도 나요, 거울에 비친 사람도 나입니다. 거울은 인연이 닿을 때 비추기만 할 뿐 대상을 소유하지 않습니다. 거울은 가지고 있는 것이 없기 때문에 무소유입니다. 집착하지도 않습니다. 말도 없습니다. 이렇게 거울처럼 진실한 마음이 바로 지혜의 마음입니다.

그 마음을 찾아내고 밝히면 우리의 삶은 절대 실수가 없고 누가 보아도 즐겁고 기쁘며, 나쁜 이야기가 나오지 않습니다. 그것은 틀림이 없습니다. 그렇게 되면 얼마나 좋겠습니까. 미워하는 사람 없이 누구든지 보고 싶어 하고 누구든지 생각하고 싶어 하는 분, 그러한 분이 바로 부처님입니다. '우리도 부처님같이'라는 원력이 바로 그것입니다.

보현삼매품에서는 보현보살의 바다가 모든 것을 다 용납한다고 나와 있습니다. 조금 전 거울을 예로 들었습니다. 거울은 어떤 대상일지라도 다 용납해 줍니다. 바로 그와 같습니다. 관세음보살님과 지장보살님도 부처님의 화현 중의 하나입니다. 관세음보살은 어머니처럼 배고프면 밥을 주고 아파서 울면 약을 주고 응가해서 울면 기저귀를 갈아 줍니다. 진자리 마른자리 갈아 주며 사랑을 베풀어 주는 간절한 정, 그래서 관세음보살은 대자대비입니다. 그러한 관세음보살을 염하는 것은 관세음보살같이 되기 위함입니다. 지장보살도 마찬가지입니다. 지장보살은 죄

지은 사람의 업이 감해지기를 기도하고 있습니다. 지장보살을 계속 염하면 먼지털이로 먼지를 털듯이 업장이 가벼워집니다. 관세음보살과 지장보살처럼 중생의 아픔을 다 고쳐 주는 실천의 바다가 바로 보현보살의 바다입니다.


## 하고 싶다는 생각이
## 동기가 되고 용기가 되고 힘이 됩니다


이 세상에는 버릴 것이 하나도 없습니다. 모두 활용할 수 있는 것들입니다. 예를 들면 몸은 하나입니다. 몸은 하나인데 몸 안에는 무수한 생명이 살아 있습니다. 우리 몸의 세포 하나하나가 바로 생명입니다. 우리가 밥을 먹고 물을 마시는 것은 세포들에게 보시를 하는 것입니다. 우리 몸의 세포들을 잘 먹여 살려서 세포들이 튼튼해야 힘이 생깁니다. 그 힘으로 살아 나가는 것입니다. 세계에 있는 물건 하나하나도 많은 조직과 세포들로 되어 있습니다. 몸을 소중하게 여기듯 물질 하나하나도 귀하게 여기고 잘 다듬어서 그 생명을 잘 보존하고 활용하도록 해야 합니다. 부처님께서도 생명 하나하나마다 전부 본래의 자성, 깨끗하고 밝은 지혜의 힘이 있다고 하셨습니다.

그렇기 때문에 모두가 다 평등합니다. 저는 여기에서 제 법



법산 스님

문을 듣고 계신 모든 분이 도반이라고 생각합니다. 일전에 제가 대학에서 강의를 듣는데 그 교수님께서는 학생 한 사람을 앉혀 놓고서도 존댓말을 쓰면서 강당에 학생이 가득 차 있는 것처럼 강의를 하셨습니다. 그 교수님이 시선을 주시면서 중요한 점을 딱딱 짚어 주시던 말씀이 아직도 제 귀에 쟁쟁하게 느껴집니다. 저도 학교에서 강의를 하거나 법당에서 법문을 할 때 여러분이 있음으로 해서 제가 있고 제가 있음으로 해서 여러분이 있다고 말합니다. 연기법, 즉 상호 상존의 법칙에 따라서 공감대를 형성 해 나갈 때 강의나 법문이 청중의 마음에 전달되어 인식 체계를 새롭게 만들고 행동을 바꿀 것입니다. 그렇게 우리는 함께 새로 운 지혜를 일구어 나가는 도반이 되는 것이지요.

보현보살이 비로자나 법신삼매에 들어서 모든 것을 포용한 다는 것은 모든 중생이 차별 없이 보현행원의 의미를 실천하게 해서 비로자나 부처님과 하나가 되도록 이끈다는 의미라 하겠습 니다. 보현보살이 삼매에 들어서 모든 중생과 더불어 행위를 하 겠다는 원력을 세우니 곳곳에서 부처님이 몰려오셔서 보현보살 의 훌륭한 원력을 찬탄하십니다.

그런 까닭에 우리도 보현보살의 원력을 함께 실천하면 부처 님 진리의 바다로 들어가게 됩니다. 들어가면 들어갈수록 행복 해집니다. 불가에는 선방 문고리만 잡아도 성불한다는 말이 있 습니다. 선방 문고리를 잡으면 안에서 무엇을 하는지 궁금하거든요. 안을 살짝 들여다보니 스님들이 참선을 하고 있습니다. 그런 모습을 보면서 나도 저렇게 해 보고 싶다고 생각하게 됩니다. 그것이 발심입니다. 그 발심이 자꾸 생기게 되면 스스로 수행을 하게 됩니다. 법당에서 참으로 정성껏 기도하는 보살님들이 계시면 옆에 앉아 같이 기도하고 싶은 이치와 같습니다. 하고 싶다는 생각이 동기가 되고, 용기가 되고, 힘이 됩니다.


## 정신과 육신의 얼룩을
## 매일 닦아야 합니다

보현보살은 곳곳에 다 있습니다. 여러분 각자가 실천만 하면 보현보살이 되는 것입니다. 청정법신 비로자나불이 자기 마음의 본체이고 원만보신 노사나불은 열심히 수행해서 성취하는 것이요, 그 원만보신 노사나불의 원력을 성취하면서 많은 사람에게 베풀고, 많은 사람이 따라 하게 하고 생각을 바꾸게 하고 깨달음을 얻게 하면 천백억화신 석가모니불입니다.

'내가 그렇게 할 수 있을까?' 하는 걱정은 하지 마시고 틀림없이 기도하면 된다는 생각을 갖고 열심히 하시면 됩니다.

연뿌리를 놓고 연꽃이라고 하면 다들 웃습니다. 그것이 무슨 연꽃이냐고 합니다. 그런데 연꽃은 어디에서 납니까? 연뿌리



법산 스님

에서 납니다.

　사람들에게 "당신은 부처님"이라고 하니까 자기가 무슨 부처냐고 반문을 합니다. 연꽃과 연뿌리 이야기로 돌아가면, '당신은 부처님' 소리는 연뿌리를 연꽃이라고 하는 것과 같습니다. 연뿌리가 없으면 연꽃이 날 수 있겠습니까. 연뿌리에서 열심히 노력하면 연꽃이 피는 것입니다. 아름다운 연꽃의 모든 성품이 이미 연뿌리 속에 다 갖춰져 있습니다. 근본의 맑고 밝은 청정한 법성은 변하지 않는다는 것입니다.

　맑은 물에는 산 그림자가 분명히 비치고, 깨끗한 거울에는 모든 대상이 있는 그대로 하나도 거짓 없이 진실 되게 모두 비칩니다. 하지만 미세한 먼지라도 거울에 끼어 있다면 그 먼지 부분은 잘 보이지 않습니다. 우리 마음에 걱정과 근심 번뇌와 망상, 질투와 시기, 욕심과 어리석음이 끼어 있으면 그만큼 어두워서 대상을 제대로 비춰볼 수 없습니다. 보현보살처럼 청정법신 비로자나불의 당체에 합일되면 우리 마음의 모든 것이 시공을 떠나 다 비쳐져서 알아차리게 됩니다. 그래서 마음공부를 해서 자꾸 닦고 기도를 하자는 것입니다. 기도를 하면 뇌파가 아주 고요해집니다. 그것을 선정에 든다고 표현합니다.

　여러분은 집으로 돌아가서라도 항상 단전호흡을 하고, 오고 가면서 열심히 기도하고 염불을 하시길 바랍니다. 그래서 부처님의 진리인 보현삼매에 들어서 비로자나 법신의 청정한 법계에 점점 가까이 갈 수 있다면 여러분의 미래는 밝아지고 맑아져서 행복한 삶이 다가오리라고 확신합니다. 오늘 법문은 이것으로 마치겠습니다. 성불합시다.



법산 스님

동자 스님

1961년 대은 스님을 은사로 출가했으며, 1972년 직지사에서 고암 스님을
계사로 구족계를 수지했다. 1965년부터 송암 스님 문하에서 범패 전 과정을
이수했다. 이후 1970년부터 8년간 내소사, 해인사, 송광사, 통도사 등 제방
선원에서 참선 수행했다. 지금까지 3,000여 회 이상 재 의식을 집전했으며,
2003년부터 3년간 조계사에서 영산재를 재현했다.
2005년 중요무형문화재 제50호 영산재전수교육조교, 2006년 조계종어장,
2013년 서울시 무형문화재 제43호 경제어산(京制魚山)으로 지정됐다.
현재 홍원사 회주, 한국불교전통의례전승원장, 대한불교조계종염불의례위원,
염불교육지도위원회 위원장으로서 후학들에게 범패의 정수를 전해 주고 있다.
지은 책으로 『승가의범 의식집』이 있다.

# 어제보다
# 행복한 사람

불교는 행복하려고 믿는 것입니다. 절에 와서 법문을 듣고 공부를 하면 작년보다 올해가 평안하고 행복해야 합니다. 어제보다 오늘이 행복해야 해요. 향상일로(向上一路)라고 하지요. 나날이 좋아져서 날마다 좋은 날이 되어야 합니다. 지난달에도 그 모양, 이달에도 그 모양, 어제도 오늘도 그 타령이면 안 돼요. 부처님 진리를 믿고 법문을 듣고 나서 마음 가운데에 불안하고 고통스러운 것이 사라지고, 편안하고 행복하고 즐거운 것을 느끼는 시간이 많아져야만 합니다.

# 자식 농사를
# 잘 지으려면

물질로 행복을 추구하다 보면 죽을 때까지 해도 행복하지 않습니다. 왜냐, 내가 많이 가졌다고 생각하고 옆을 보면 더 많이 가진 사람이 있기 때문에 물질로써 충족하는 행복은 백년을 살아도 얻을 수 없습니다. 항상 불안하고 부족하기에 그 사람은 불행한 사람입니다. 마음이 넉넉하고 따뜻하고 여유로운 사람, 이 사람이 가장 행복한 사람입니다.

부부지간에 물과 불처럼 상극인 사람들이 있습니다. 그런데 조화를 잘 이루면 정말 필요한 사이가 되어서 극락세계를 따로 찾아갈 필요가 없습니다. 그 이치를 모르고 불평불만 속에 살기 때문에 가정이 지옥입니다.

지난 여름, 다들 더워서 죽겠다고 했습니다. 만약 여름이 가을 날씨처럼 좋았다면 농작물이 제대로 살 수가 없어 흉년이 들었을 겁니다. 그러니까 더울 때는 더워야 하고 추울 때는 추워야 합니다. 자연에 순응할 줄 알아야 하지요. 어떠한 환경이 주어지더라도 길은 있습니다. 꿈은 나쁘게 꿔도 해석을 잘하면 돼요. 이처럼 긍정적으로 생각하다 보면 가족이 전부 도반입니다.

농사 중에 자식 농사가 제일이라고 합니다. 요즘은 무조건 공부 뒷바라지에 정신이 없지요. 공부를 잘해야 하는 목적이 무엇입니까? 공부 열심히 해서 일류 대학 가야 한다고 아우성입니다. 좋은 대학을 나와야 좋은 회사에 취직을 하고 그래야 돈을 잘 번다는 겁니다. 나중에 시집, 장가 갈 때도 무슨 회사 다니느냐, 대학은 어디를 나왔느냐를 따지잖아요. 그렇게 등을 떠밀어서 공부를 시키는 게 사실은 물질적인 욕망의 노예를 만드는 겁니다. 지금 우리네 자식 농사가 그 노릇이라는 말입니다. 인간이 행복하게 살아가는 길을 가르치는 것이 아니라 욕망의 노예가 되어 살아가는 길을 가르쳐 놨으니 고통 속에서 허덕대면서 자자손손 그것을 반복하는 거예요.

자식을 훌륭하게 키우려면 불법(佛法) 인연을 맺어 주면 됩니다. 부처님 법을 잘 믿고 신행함으로부터 모든 가정생활이 달라지고 학교생활이 달라지고 직장생활이 달라지는 거예요. 그렇지 않으면 물질의 노예가 되는 것만 배워서 사회생활, 결혼생활을 하기 힘들어요. 그렇게 손바닥 위의 구슬 같이 뻔히 드러나는 이치를 깨닫지 못한다 이 말입니다.

또, 자식을 잘 키우고 싶다면 회사와 집만 왔다 갔다 하지 말고 여행도 한번씩 떠나세요. 가족들이 함께 떠나도 좋고 혼자 가는 것도 좋습니다. 여행을 혼자 가면 생각할 기회가 참 많은데 떠들썩하게 열 명, 스무 명 모여 다니면 여행이 목적인지 떠들고 유흥하는 게 목적인지를 몰라요. 미국 사람들은 한국 사람들을 '즐길 줄 모르는 사람들'이라고 한답니다. 여행지에 가면 하루

이틀 전부터 불고기를 양념장에 절여서 그놈 먹고 떠들면서 앉았다 간대요. 서양에서는 조그만 배낭을 멘 유치원생도 가족끼리 여행을 다니잖아요. 그때부터 여행 다니는 법을 배우는 겁니다. 자식한테 유산을 물려주지 말고 여행법을 가르치라는 속담도 있다고 합니다. 여행은 낭비가 아니라 투자예요.


## 은혜 속에 산다

행복한 사람은 모든 일에 감사할 줄 아는 사람이에요. 우리는 지금 천지의 은혜가 하도 커서 잊어버리고 살아요. 해와 달, 자연의 혜택을 수없이 누리면서도 고마움을 모릅니다. 강물이 오염되고 바다가 오염되고 적조 현상이 일어나는 건 전부 온난화 탓인데 이것을 누가 만들었습니까. 우리들이 주범이에요. 선진국일수록 쓰레기가 많이 나옵니다. 가전제품 하나를 사도 쓰레기가 한 보따리이고 장을 한 번 봐도 전부 비닐봉지에 담겨서 뒷처리가 보통 일이 아니에요. 내가 편리하면 그만큼 다른 사람한테 피해를 줍니다. 조금 더우면 에어컨 틀고 시원하다 하는데 더운 공기가 실외기를 통해서 바깥으로 나가잖아요. 그게 공기를 오염시켜서 뜨거워지고 가뭄과 홍수를 반복하는 것도 전부 다 우리들이 만들어 놓은 겁니다. 되도록 세제 적게 쓰고, 쓰레기 적게 만들고, 알뜰하게 사는 것이 지구를 살리고 생명체를 살리고 부처님의 가르침으로 돌아가는 것입니다. 나도 행복하고 너도 행복하고 모두가 행복해지는 거예요.

우리는 은혜 속에 살고 있습니다. 천지의 은혜가 있고, 또 사회의 은혜가 있어요. 우리가 지금 북한이나 아프리카 오지에 태어났으면 얼마나 고생하고 살겠어요. 대한민국에 태어나서 온갖 혜택을 누리는데도 행복한 줄 모릅니다. 천문학적인 재산을 가진 재벌들이 더 갖겠다고 죄를 짓고 재판하는 소식을 들으면 그게 남의 일이 아니에요. 전부 내 일이에요. 많으면 많은 대로 적으면 적은 대로 욕망에 끄달려서 고통받고 사는 겁니다. 불법을 아는 사람은 없으면 없는 대로 있으면 있는 대로 행복합니다.

은혜 속에 산다는 것을 감사하게 생각하고 근검절약해서 남을 도와주는 생활을 자꾸 해야 합니다. 남을 도와주면 그 돈이 없어지는 걸로 생각하지요. 은행에 맡겨 놓으면 내 돈이 없어지는 게 아니라 조금이라도 이자가 붙어 더 불어난다고 생각하면서, 남을 도와주는 돈은 없어지는 걸로 여기고 있어요. 주면 줄수록 행복의 길이 되고 다음에 부자로 사는 것이 보시하고 베푸는 생활입니다.

# 내가 입은 은혜에
# 보답하는 길

사람을 나무에 비유하자면, 뿌리는 조상이요 나는 둥치입니다. 아들딸, 손자손녀는 나무줄기, 잎과 같아요. 나무가 잘되려면 뿌리에다 거름을 줘야 하는데 뿌리는 뚝뚝 다 끊어 놓고 가지와 잎사귀에 아무리 물을 뿌려 봤자 살겠는가, 산들 열매를 맺겠는가 하는 겁니다. 뿌리를 다 끊어 놓고 좋은 열매 보려고 나무에다 물 뿌리고 영양제 바르는 격이에요. 물론 잎이 전부 떨어져도 햇빛작용을 제대로 못해서 나무가 죽어 버려요. 자식 농사를 제대로 지으려면 자손한테만 온통 마음을 쓸 일이 아니라, 조상과 나와 내 자손이 한 나무처럼 연결되어 있다는 것을 알고 조상을 천도하고 보은하는 일에 힘을 써야 한다는 얘깁니다.

　몸뚱이가 살아서 숨 쉴 때는 신체, 죽으면 시신이라고 합니다. 똑같은 몸뚱이인데 이름만 바뀌어서, 숨이 딱 넘어가면 이 몸뚱이는 나무토막, 돌덩어리인 거예요. 자신을 깨닫지 못하면 산 귀신이라고 볼 수 있지요. 어물어물하다 죽으면 몸뚱이 집착하는 영혼은 몸뚱이 자리에 가서 딱 달라붙어 지키고 있습니다. 옛날에 판자촌에 집짓고 살 때 구청에서 나온 사람들이 집을 때려 부수면 자기 집 헐어낸다고 달려들어서 싸움이 나잖아요. 마찬가지로 이장(移葬)한다고 묘 등을 파내면 자기 몸뚱이를 건드

린다고 귀신이 해코지를 하는 겁니다.

　이장을 하고서 온 집안이 큰 화를 겪는 경우가 그렇습니다. 사랑하는 건 좋은 것 같고 원한은 나쁜 것 같지만 집착 때문에 영혼이 못 가는 건 똑같아요. 천도는 맺힌 것을 풀어 주는 겁니다. 물은 100도가 되면 펄펄 끓지요. 거기에 눈송이가 하나 떨어지면 수증기만 쐬어도 녹지만 콩알만 한 얼음은 끓는 물에 집어넣어야 녹습니다. 얼음덩어리가 크면 끓는 물에 넣고 시간이 가야 녹지요. 애착과 집착과 한이 많은 영혼은 여러 번 천도를 해야 합니다. 그런 다음에 조상의 은혜에 감사하는 기도를 하는 것이 순서입니다.

　이렇게 우리는 한없는 부모의 은혜, 사회의 은혜, 천지의 은혜를 받았습니다. 그렇다면 그 은혜를 갚는 길은 무엇인가 하는 겁니다. 부처님은 수많은 전생에 눈을 달라면 눈을 빼 주고 팔을 달라면 팔을 떼 주었습니다. 우리는 산목숨으로 그렇게는 못할망정 죽어서 갈 때라도 이 몸을 보시하자는 겁니다. 흙 한 줌 되고 재 한 줌 될 이 몸뚱이를 가지고 장기 기증을 해서 죽어가는 생명을 살린다는 것이 얼마나 큰 보살행이에요. 나는 장기 기증만 아니라 시신 기증도 하려고 그래요. 썩어질 몸뚱이까지 남을 위해서 쓰이게 한다는 건 부처님 법이 아니면 어떻게 알겠습니까. 이런 뜻을 스님들께 이야기하면 너도 나도 동참한다고 합니다. 불자님들도 아들딸에게 권해 같이 동참해서 큰 선근을 심고

공덕을 쌓으십시오. 그것이 어제보다 행복한 사람으로 사는 길
입니다.

공덕을 쌓으십시오. 그것이 어제보다 행복한 사람으로 사는 길
입니다.

종범 스님

종범 스님은 통도사에서 벽안 스님을 은사로 출가했으며,
통도사 승가대학 강주를 역임했다. 1980년 3월 중앙승가대학교 강사를
시작으로 1990년부터 교수로 재직했으며 2000년 제3대 총장에 취임한 이후
8년 간 중앙승가대학교의 교수와 학인들을 이끌었다.
사회복지법인 승가원 이사장을 역임했으며 2007년 제5회 대원상
승가부문상을 수상했다. 현재 중앙승가대학교 명예교수다.

# 인과 믿고 원력 세워야
# 지혜로운 삶 가능하다

오늘은 건강에 대해 말씀드리겠습니다. 건강에는 신체 건강, 정신 건강, 사회 건강, 지혜 건강 네 가지가 있습니다. 건강하려면 무엇보다 신체, 몸이 건강해야 합니다. 몸은 목적물이 아니라 사용물입니다. 사용할 수 있어야 하고, 움직일 수 있어야 합니다. 손은 일할 수 있어야 하고 눈은 볼 수 있어야 하고 귀는 들을 수 있어야 합니다. 농부로 비유하자면 몸은 쌀이 아니라 농기구입니다. 농기구를 이용해서 일을 하면 곡식을 얻을 수 있습니다. 그러려면 허약하지 말아야 합니다. 튼튼해야 합니다. 아름다움의 대상이나 뽐내는 대상이 아니라 좋은 목적을 위해 몸을 사용할 수 있도록 하는 것이 몸의 건강입니다.



종범 스님

# 우리가 받은 것을
# 기억하자

지하철역에 있는 성형수술 광고를 보면 수술 전후가 딱 나와 있더군요. 수술 전후 모습은 달라지지만 수술 전에도 눈은 보는 데 의미가 있고 코는 숨 쉬는 데 의미가 있고 입은 말하고 밥 먹는 데 의미가 있습니다. 눈은 볼 수 있으면 건강한 것이고, 귀는 들을 수 있으면 건강한 것입니다. 질병이 없고 허약하지 않아서 뭐든지 할 수 있고 뜻대로 움직일 수 있다면 그것이 곧 신체의 건강입니다.

다음으로 정신 건강입니다. 몸은 그대로 정신 덩어리이기도 합니다. 손을 눌러 봐도 감각이 있고 다리를 눌러 봐도, 머리를 눌러 봐도 감각이 있습니다. 온몸이 정신 덩어리입니다. 그래서 오온육식(五蘊六識)이라고 합니다. 몸이 모두 정신 덩어리라는 뜻입니다. 색수상행식(色受想行識)이 오온 아닙니까. 색은 지수화풍(地水火風)이니 물질입니다. 그런데 그 안에 수상행식, 즉 정신 덩어리가 있는 것입니다. 이 수상행식을 나누면 백법(白法)이 됩니다. 백가지 법이라는 말인데 그것을 유식이라고도 합니다. 오직 인식 덩어리라는 뜻입니다. 이 몸이 그대로 정신입니다. 눈도 정신이고 귀도 정신입니다. 그러니 정신이 건강해야 합니다.

보고 듣고 생각하고 움직이는 것이 다 정신입니다. 눈은 감각을 보지만 정신은 의미를 봅니다. 정신이 없으면 의미를 못 봅니다. 모든 동물이 두뇌가 있지만 파충류는 감각 두뇌밖에 없어 오로지 촉각에 의지해 움직이는가 하면, 그보다 더 위에 있는 개나 고양이 같은 동물은 감정도 있고 기억도 합니다. 그런데 사람은 거기서 더 발전을 했죠. 바로 지혜를 갖고 있습니다.

정신이라는 것은 몸속에서, 시간 속에서, 공간 속에서 이뤄집니다. 정신은 항상 대상을 갖고 있습니다. 대상을 갖고 나타나는 것이 정신이고 대상을 초월해서 있는 것이 지혜입니다. 우리는 항상 대상 속에서 삽니다. 태어나면서 부모를 만났죠. 어머니 아버지를 못 만났다면 우리는 세상에 나오지 못했습니다. 이렇게 만남으로 이뤄지는 것이 세상이고, 세상 속에서 움직이는 것이 정신입니다.

이 정신이 건강해야 하는데 건강하지 못한 경우도 많습니다. 예를 들면 우리가 받은 것은 받은 대로 기억하고 못 받은 것은 못 받은 대로 기억해야 하는데 그렇게 하질 못합니다. 받은 것은 기억 못하고 못 받은 것만 기억합니다. 이것이 인간의 정신입니다. 좋았던 시절, 좋았던 일들, 이런 것들은 잘 모르고 안 좋았던 것만 기억합니다. 조사해 보면 좋은 것보다 그렇지 못한 것을 기억하는 확률이 더 높답니다. 억울한 것, 슬픈 것, 분한 것, 속 터지는 것만 꽉 차 있습니다. 이게 심해지면 '노이로제'라고 하는데 노이로제란 받은 것을 모르는 것입니다. 부모에게 몸을 받고 태어나면서 온갖 사랑을 받고 자랐는데 그것은 모르고 못 받은 것만 원망합니다. 건강하지 못한 정신입니다. 건강한 정신은 받은 것을 감사하게 생각하고 못 받은 것에 대해서는 생각 안 하는 것입니다. 그래야 항상 건강할 수 있습니다. 받은 것을 많이 기억하고 찾아내고 고맙게 여기면 기쁨도 커지고 희망도 생깁니다. 기쁨, 희망이 부족하면 정신이 허약한 것입니다.


## 공평한 기회가 주어져야
## 건강한 사회다

다음에는 사회가 건강해야 합니다. 사회는 사람이 사는 곳입니다. 사회라는 말은 일반용어고, 불교 용어로는 인간입니다. 사람과 사람 사이, 어머니와 아버지 사이, 아버지와 아들 사이, 어머니와 딸 사이, 친구와 친구 사이, 국가와 국가 사이 등이 모두 사회입니다. 그 사회가 건강하다는 것은 공평하다는 것입니다. 공평치 못한 사회는 건강치 못한 사회입니다. 공평은 똑같은 권리를 부여하고 기회를 고루 주는 것이고, 공정은 적용을 하는 데 있어 일관성 있게 잘 관리하는 것입니다. 공평성과 공정성이 사라져 한쪽은 누르고, 한쪽은 눌리면 기울어진 나무와 같이 돼 사회가 쓰러집니다. 사회가 쓰러진다는 것은 혼란이 일어나는

것입니다. 건강한 사회가 되려면 공평하게 기회가 주어져야 합
니다.

대한민국은 평등사회라고 합니다. 그런데 요즘엔 '아파트
몇 평에 사냐'의 '평'에 '자식 몇 등 하냐'의 '등'이 합쳐진 '평등'
같습니다. 그래서 공평에 대한 관심이 몇 평, 몇 등에만 가 있습
니다. 사회가 건강치 못한 것입니다. 1970년대 산업화 과정에서
는 영남이 중심이 됐습니다. 1980년대 민주화에서는 호남이 중
심이 됐습니다. 이 두 가지를 똑같이 인정해야 공평한 사회입니
다. 우리나라가 민주화가 안 됐다면 우리나라의 국격이 지금과
같이 올라올 수 없었을 것입니다. 그런데 영남은 호남을 이상하
게 보고 호남은 영남을 탓하곤 합니다. 이 두 가지를 서로가 존
중하는 것이 공평한 것입니다.


## 사람은
## 지혜가 뿌리입니다

마지막으로 지혜 건강입니다. 인간이 인간일 수 있는 것은 지혜
가 계발되었기 때문입니다. 지혜가 계발되지 않으면 짐승과 다
를 바가 없습니다.

지혜가 건강하기 위해서는 첫째, 신지(信知)가 있어야 합니

다. 믿는 지혜입니다. 믿는 지혜란 첫째, 인과를 믿는 마음입니다. 세상에 공짜는 없습니다. 그런데도 사람들은 항상 공짜를 바랍니다. 심으면 심은 대로 나옵니다. 원인을 심은 그 자리에서 열매가 열리지 종자가 떨어지지 않은 곳에서 열매가 열리지는 않습니다. 그것을 믿는 마음 자체가 지혜입니다. '믿음은 도를 이루는 뿌리가 되고 그 자체로 공덕의 어머니도 되며, 믿음은 반드시 여래의 지위에 도달한다.'고 했습니다. 이런 믿음이 있으면 은혜를 알고 은혜를 갚아야 합니다. 부모를 비롯해 우리를 도와준 사람이 얼마나 많습니까. 그런데 이것을 모르면 보은도 못합니다. 그러니 인과를 알고 그것을 믿는 것이 전부 지혜입니다. 이런 지혜가 있을 때 행복하고 건강합니다. 내가 오늘 어떤 종자를 심고 있는지 철저히 알고 좋은 종자를 심어 좋은 결실을 거두는 삶, 그것이 행복한 삶이고 나를 더 크게 펼쳐 가는 행위입니다.

둘째, 각지(覺知)가 있어야 합니다. 깨달음을 통하면 티끌만한 정신세계가 우주만큼 넓어집니다. 그래서 각지는 지혜 중의 지혜입니다. 깨달음은 시간과 공간의 지배를 받지 않고 모든 사물의 근원을 알아볼 수 있는 것입니다. 그 깨달음에서 나온 지혜가 각지입니다. 그러니 깨달은 지혜가 나타나면 억만년 전이든 후든 보지 못할 것이 없습니다. 장소를 옮기든 안 옮기든 다 볼 수 있습니다. 이 깨달은 지혜 없이 아무리 여행을 다녀 본들 갔다 오면 다 잊어버립니다. 그러니 사진만 찍어 대는 거겠죠. 심지어 사진을 어디에 뒀는지 모르기도 합니다. 이게 오늘날 현상입니다. 저장만 해 놓으면 뭐합니까. 못 찾으면 그게 다 무슨 소용이 있습니까. 깨달은 지혜는 한 티끌 속에 세상이 다 있음을 보고 한 찰나가 곧 무량겁임을 보는 지혜입니다. 깨달은 지혜를 얻는 것이 이처럼 중요합니다.

그리고 마지막으로 원지(願知)가 있습니다. 원하는 지혜, 이것이 또 중요합니다. 몇 년을 살든 삶의 희망과 목적과 의미가 있어야 합니다. 그러기 위해서는 지혜가 있어야 하고, 지혜가 있어야 원력으로 나갈 수 있습니다. 『화엄경』 제일 마지막 권이 보현행원품입니다. 보현보살의 원력은 '허공계가 다하고, 중생계가 다하고, 중생의 업이 다하고, 중생 번뇌가 다해도 나의 이 보현행은 멈추지 않겠다.'입니다. 그래서 원력의 으뜸이 보현보살입니다.

신심으로부터 시작해서 지혜를 얻어 행원으로 돌아가는 것이 지혜의 길입니다. 신심과 원력으로 공덕을 닦고 은혜를 갚아야 합니다. 사람은 지혜가 뿌리입니다. 사람이 움직이는 것은 지혜이니 지혜가 건강해야 하고, 그러기 위해서는 인과를 믿고 노력해야 합니다.

건강은 나의 정신에서, 나의 삶에서 옵니다. 또 내가 이 사회에서 건강한 시민으로 깨어 있어야 올바른 선택이 가능해지고 사회가 건강해집니다. 그러기 위해서는 나의 지혜가 건강해 은혜를 알고, 은혜를 갚을 수 있으며, 좋은 종자를 심어야 좋은 열매를 맺는다는 신심이 있어야 합니다. 이런 지혜를 갖고 항상 노력하고 정진해야 합니다. 인과를 믿고 원력이 있어야 합니다. 신심과 원력으로 정진을 해 나가면 깨달음이 깊어지고, 깨달음이 깊어지면 하나의 티끌 속에서 우주를 다 봅니다. 한순간 속에서 영원한 시간을 봅니다. 그것은 깨달음으로밖에 해결할 수 없는 것입니다. 신심과 원력으로 그 깨달음을 깊이 하는 데 목표를 두고 정진하시기 바랍니다.

용타 스님

1964년 청화 스님을 은사로 득도했다. 제방 선원에서 20안거를 성만했다. 1980년 동사섭 수련 프로그램을 개발, 많은 사람들에게 부처님의 가르침을 전하고 있다. 현재 캘리포니아 삼보사 회주, 성륜문화재단 이사장, 동사섭 행복마을 회주로, 지은 책으로『마음: 알기 다루기 나누기』,『10분 해탈』, 『공(空)』등이 있다.

# 있지도 않은데 '있다' 하고
# 좋지도 않은데 '좋다' 하는가

여러분 반갑습니다. 여러분이 와서 앉아 주시지 않는다면 이 자리가 의미가 없겠지요. 그러니 이 자리에 앉아 계신 여러분이야말로 이 도량의 주역 중에 주역이십니다.

오늘은 '『금강경』의 세계'를 주제로 법문을 합니다. 법문은 셋으로 요약하여 진행될 것입니다. 그 하나는 '『금강경』과 삶'입니다. 『금강경』과 삶, 이 두 키워드가 쌍벽을 이룹니다. 이때 여러분의 마음속에는 『금강경』이 더 중요한가요, 삶이 더 중요한가요? 헷갈리시나요?

가만히 생각해 보세요. 여러분은 『금강경』을 몰라도 여태 잘 살아 오셨잖아요. 그래서 삶이 경전보다 훨씬 중요합니다. 저는 이 세상 70억 인구가 『금강경』 없이도 살아갈 수 있다고 생각해요. 99.99퍼센트로 삶이 더 중요합니다.



용타 스님

경전은 없더라도 살 수 있어요. 그러니 여러분이 경전 이전에 자신의 삶을 1순위로 생각하셔야 합니다. 경전이 중요하지만 우리의 삶, 소중한 삶 위에다 놓을 필요는 없습니다. 삶이 중요하다는 마음을 가지세요. 그러면 삶이 중요하기 때문에 『금강경』이 중요하구나 하고 깨닫게 되실 것입니다. 왜 그럴까요? 세상 사람들의 삶을 관찰해 보세요. 여러분 자신의 삶을 관찰해 보세요.

여러분은 그나마 이 도량에 나들이하면서 잘 사는 방법을 배웠기 때문에 삶의 질이 많이 높아져 있을 겁니다. 그러나 경전을 모르고 그냥 살아가기만 하는 사람들을 보면 대부분 습관적으로 삽니다. 습관적으로 살면 어때요? 습관적으로 살면 거의 지옥 쪽으로 달려가게 되어 있습니다. 그러기 때문에 경전, 지혜의 가르침이 필요합니다.

『금강경』과 삶이라는 두 키워드 가운데 삶이 '절대적으로' 중요하다는 것을 받아들임과 동시에, '내 삶이 제대로 되려면 경전 말씀, 성자들의 말씀을 배우고 익혀야 되는구나.'라고 생각하게 되는 것, 이것이 첫 걸음입니다.

# 개념에 사로잡힌
# 중생의 삶

그다음으로 내딛어야 할 두 번째 걸음은 중생의 삶이 무엇인지를 이해하는 것입니다. 중생의 삶은 불안정하고 고통이 많습니다. 이러한 중생의 삶이 있기 때문에 경전이 생겨난 것이지요. 지구의 70억 인구가 전부 중생심을 넘어선 성자라면 세상의 모든 경전은 필요가 없어지겠지요. 아직 경전이 남아 있다는 것은 사람들이 여전히 불안정하게 살고 있다는 뜻이 됩니다. 그렇다면 불안정한 삶이란 무엇인가요?

내가 여기다가 그림을 하나 그려 볼게요. 이것은 니르바나입니다. 니르바나는 고통이 말끔히 사라져서 완전해진 삶을 말합니다. 그런데 인간은 니르바나의 마음 상태로만 존재하지 못하고 타락하게 됩니다. 타락 이전의 니르바나를 무심, 무위, 극락, 천국, 태극, 태허, 도, 청정, 깨달음 등등 다양하게 표현하는데, 완전한 것을 지칭하는 단어는 여기에 다 들어갑니다. 이 말들의 뜻을 풀면 '개념 이전'이 됩니다. '개념 이전'이라는 말이 굉장히 중요합니다. 개념 이전의 의식 상태가 니르바나요, 극락이요, 천국이요, 태극이요, 물자체요, 깨달음 등등입니다.

여러분의 삶을 돌아보세요. 한결같이 다 개념 놀음을 하고 있는 삶입니다. 나요, 너요, 내 가족이요, 내 집이요, 내 회사요

등등 개념을 쓰지 않으면 못 살 정도로 무수한 개념의 삶을 삽니다. 개념이 전제되어 있는 삶을 살고 있습니다.

가만히 생각해 보세요. 개념 이전의 삶은 어떠할까요? 우리들이 궁극에 돌아가야 할 삶은 개념 이전의 삶이요, 그냥 있음의 삶입니다. '그냥 있음' 자리는 무심한 자리입니다. 내 마음속에서 일체의 개념이 사라져 무심한 의식 상태가 되는 것이지요. 이리하여 일체의 걸림이 없이 깨끗하고 고요하고 평화로운 허공과 같은 삶을 살아가게 되는 것입니다.

개념 이전으로 돌아갈 수 있으면 좋겠지요. 그러나 여러분은 그 자리에 가만있지를 못합니다. 내가 있다, 네가 있다, 이것이 있다, 저것이 있다 하면서 줄기차게 개념으로 '떨어지는' 삶을 삽니다. 그러면서 이러한 개념 살이를 아무 의심 없이 괜찮은 삶이라고 생각합니다.

'있다'고 여기는 것도 허물인데, 심지어는 '좋다', '싫다', '쌩!' 하면서 더 깊은 늪으로 추락합니다. 한번 돌이켜 보세요. 다 그러고 있을 것입니다. 개념 이전의 무심한 상태로 있지를 못하고 '있다', '좋다', '싫다', '쌩!' 하는 삶을 계속 반복하며 살고 있지 않습니까!

성자는 '있다', '좋다', '싫다', '쌩!'에 걸려들지 않는 삶을 삽니다. 제 말을 듣고 여러분은 아마도 이렇게 생각하며 의아해하겠지요. '개념을 사용하지 않고, 다시 말해 나, 너, 이것, 저것과 같은 말을 사용하지 않으면서 석가모니와 같은 성자들은 어떻게 이야기를 한단 말인가?' 바로 이 대목에서 『금강경』이 날카로운 답을 제시합니다. 그것은 '즉비시명(卽非是名)'이라는 구조의 가르침입니다. 『금강경』에 97회 정도 나오는 말씀입니다. 예를 들면 이렇습니다. 컵즉비컵시명컵, '컵이란 컵이 아니며, 편의상 컵이라고 할 뿐!'

부처님이 "아난아!" 하고 시자를 부릅니다. 그러나 부처님에게는 '아난'에 걸리는 마음이 없습니다. 왜냐하면 아난즉비아난, '아난이 아난이 아님'을 깨닫고 있으시기 때문입니다. 나아가 "아난아!" 하고 부르지만 이것은 '시명아난'이라, 삶의 편리를 위해서 그냥 "아난아!" 하고 부를 뿐입니다. 다시 말해, 성자들은 억만 가지 개념을 쓰되 그 어떤 것도 실체성(實體性)이 없음을 깨닫고 있기 때문에 그 개념에 걸리지 않는 것입니다.

'있다'는 실체사고, 즉 무언가가 다른 것과 구별되면서 있다고 생각하는 것이요, '좋다'는 가치사고, 즉 무언가가 다른 것에 비해 좋거나 나쁘다고 생각하는 것이며, '싶다'는 욕구, 즉 무언가를 바라는 것이고, '썅!'은 분노, 즉 원하는 대로 되지 않음으로 해서 일어나는 마음의 불길입니다. 있지도 않은데 있다고 하고, 좋다고 할 만한 것도 아닌데 좋다고 하니 어리석음〔癡〕이요, '있다 - 좋다' 다음에 싶다고 하니 욕구〔貪〕이며, 바라는 대로 되지 않아 분노〔瞋〕가 일어납니다. 이 심리적인 메커니즘을 탐진치 삼독(三毒)이라 합니다. 이 탐진치 삼독을 바탕으로 하여 생각하고 말하고 행동하는 것을 중생의 삶이라고 합니다.


## 내가 나이되,
## 동시에 내가 아님을 깨달아라

마지막으로 내딛어야 할 세 번째 걸음은, 중생이 중생심을 벗어나는 것입니다. 그렇게 하려면 어찌해야 하느냐, 그 방안이 바로 『금강경』 삼요(三要)입니다. 『금강경』을 잘 살펴보면 가르침을 셋으로 요약할 수 있습니다. 첫째는 모든 중생을 다 제도하리라고 서원하는 대원(大願)이며, 둘째는 육바라밀의 삶을 사는 대행(大行)이며, 셋째는 부처님 씨앗을 품고 있는 중생을 다 제도하겠다고 발원하고 육바라밀을 닦되 상(相), 즉 개념에 떨어지지 않으면서 닦는 즉비의 길입니다.

여기에서 특히 더 유념해야 하는 것은 첫째와 둘째입니다. 대원과 대행에 상응하는 태도는 과연 어떠해야 하는가요? 그것은 바로 즉비(卽非)요, 파상(破相)이요, 무유정법(無有定法)이요, 무아상인상중생상수자상(無我相人相衆生相壽者相)입니다. 모든 개념을 필요에 따라 쓰되 모든 개념 앞에 그 개념을 바로 부정해 버리는 '즉비'를 붙여야 합니다. '나'라 했으면 바로 즉비나, 즉 '나

가 아님'에 깨어 있어야 하며, '컵'이라 했으면 바로 즉비컵, 즉
'컵이 아님'에 깨어 있어야 하는 것입니다.

　　여러분이 사실로 여겨 왔던 컵은 지금 여기 없어요. 이제
'컵 자체'를 본다고 생각하고 집중해 보세요. 무엇인가가 실체사
고로 머릿속에 들어왔을 때는 그 존재 자체가 들어온 것이 아니
고 자신의 주관적인 인식의 틀에 비춰진 현상, 즉 표상물이 드러
난 것에 불과합니다. 이 자각이 드는 사람은 벌써 깨달음의 자리
에 선 것입니다. 컵이라 하면서 컵 자체가 아니라는 것을 깨닫는
것입니다. 그러면 컵 자체[物自體]는 무엇일까요? 그건 영원히 잡
을 수 없습니다. 이 실상을 수긍하는 순간 일체의 주객으로부터
자유로워집니다.

　　이처럼 『금강경』은 영원 절대의 해방을 가져다주는 가르침
이므로 『금강경』을 수지하는 공덕이 이 몸을 항하사 모래알 수만
큼 헌신하는 공덕보다 더 높다는 것입니다.

　　자 여러분, 세상의 모든 것을 연민지정으로 끌어안고 '무한
우주에 있는 모든 중생을 다 제도하리라!'라고 간절한 마음으로
서원하면서 아상(我相), 인상(人相), 중생상(衆生相), 수자상(壽者相)
이라는 자아에 떨어지지 않는 마음으로 보시(布施), 지계(持戒),
인욕(忍辱), 정진(精進), 선정(禪定), 지혜(智慧)의 육바라밀을 닦고
또 닦으시기 바랍니다.

청화 스님

1944년 전북 남원에서 출생했다. 1964년 화계사에서 혜암 스님을
계사로 사미계를, 1972년 해인사에서 고암 스님을 계사로 구족계를
수지했다. 1978년《한국일보》신춘문예 시조 부문에 당선돼 등단했다.
1986년 대한불교정토구현전국승가회 의장 및 민주헌법쟁취국민운동
공동의장, 1992년부터 2002년까지 실천불교승가회 의장,
1994년 조계종초심호계위원장을 역임했다.
대한불교조계종 11대 중앙종회 의원 및 차석부의장, 12대 중앙종회 의원 및
수석부의장, 13대 중앙종회 의원, 제5대 교육원장을 역임했다.
스님은 현재 서울 정릉 청암사에 주석하고 있으며 실천불교전국승가회
상임고문이다.

# 부처님이 소망한 세상은
# 효행이 존중받는 사회

부처님 말씀에 따르면 우리는 부모로부터 막중한 은혜를 입었습니다. 그러니 자식은 도리를 다해 부모를 모시는 것이 마땅함에도 불구하고 오늘날 우리 사회는 효 사상을 외면할 뿐만 아니라 효 사상이 땅에 떨어진 것 같습니다. 더구나 이러한 현상을 우리는 너무나 무비판적으로 수용하며 마치 당연한 것인 양 받아들이고 있습니다. 그러다 보니 억울하고 비참한 심정을 느낀 부모들이 아들딸이 있음에도 불구하고 자살을 하는 경우도 발생하고 있습니다.

이런 현상을 볼 때 우리는 스스로의 모습을 살펴보아야 합니다. 과연 나는 이런 사회 속에서 부모를 어떤 시각으로 바라보고 있는가. 또 불효하는 아들딸들을 보면서 나는 저들과 얼마나 다른가를 점검하기 바랍니다. 현재의 늙은 부모는 미래의 나의



청화 스님

모습입니다. 그런 고로 부모를 향한 효심은 모든 사람들이 삶의 가치로 희구해야 할 것입니다. 그런데 우리는 효 사상을 유린하고 방치하고 있습니다. 과연 이런 사회가 인류의 미래에 무슨 희망을 제시할 수 있는지 점검해 보고 싶습니다.

## 불효자에게 건네는 게송

어느 날 부처님께서는 걸식을 하기 위해 성 안으로 들어가셨습니다. 그때 어느 길거리에서 걸식을 하는 노인을 발견하셨습니다. 행색을 보니 비록 낡고 더러워지긴 했지만 고급 옷을 입고 있었습니다. 미루어 짐작하면 애초부터 거지는 아니었던 것이 분명했습니다. 그래서 부처님께서 그 노인에게 어쩌다 문전걸식을 하게 되었는지 물었습니다. 노인이 대답했습니다.

"저는 일찍이 아들 하나를 두어 금지옥엽으로 키워 결혼 시킨 후 모든 재산을 물려주었는데 그 후 집에서 쫓겨나 걸식으로 연명하게 되었습니다."

부처님께서는 그 노인을 연민의 눈으로 보며 "내가 그대에게 게송을 하나 지어줄 테니 사람들이 많은 곳에서 낭송하시기 바랍니다."라며 게송을 읊으셨습니다.

"아들을 낳았다고 기뻐했고 그 아들의 장래를 위해 재산도 열심히 모았으나, 아들을 결혼시킨 다음 나는 집에서 쫓겨났네. 어떤 부랑한 아들이 늙은 아비를 등지고 버렸으니 얼굴은 비록 사람이나 그 마음은 나찰과 같네. 늙은 말은 쓸데 없다 하여 보리껍질 먹이까지 빼앗겼으니 힘없이 쫓겨난 늙은 아비는 거리를 떠돌며 걸식을 하네. 이제와 곰곰이 생각해 보니 늙은 나에게는 아들보다 지팡이가 더 나으니 아들이 귀하다고 사랑만 할 것이 아니네. 구부러진 지팡이는 소나 개를 쫓아 주고 험한 길에서는 의지처가 되어 주며 가시덤불을 헤쳐 가게 해 주니 나쁜 아들보다는 차라리 지팡이가 났네."

이런 게송이었습니다. 늙은 부모가 자식으로부터 학대를 받고 외면당하고 집에서 쫓겨나는 이런 일은 세상 어디에서도 있어서도 일어나서도 안 됩니다. 그것은 천륜과 인륜을 부정한 패악 무도한 금수의 짓이기 때문입니다.

평소 좋은 세상과 인간의 행복을 염원해 오신 부처님께서는 이 일을 간과하거나 외면할 수 없으셨습니다. 그것은 세상을 어둡게 만들고 인간의 말로를 불행하게 만드는 일이었기 때문입니다. 늙고 병들고 죽음이 가까이 다가오는 것은 누구도 예외일 수 없습니다. 따라서 그때가 되면 누구나 마음은 한없이 약해지고 생각이 여려져서 주변 사람들로부터 섭섭한 일도 많이 당하고 상처도 잘 받습니다. 그러므로 어느 때보다도 자식의 깊은 이해와 보살핌과 보호가 필요합니다. 그런 때에 자식으로부터 쫓겨 나게 된다면 어느 부모가 비참하지 않겠습니까.

모든 사람들을 행복으로 인도하고자 하시는 부처님으로서 는 이러한 상황을 묵과하거나 좌시할 수 없었습니다. 그래서 부 처님은 아버지의 말로를 비참하게 만든 불효자를 사회에 고발하 기 위해 게송을 지어 주며 사람이 많은 곳에서 낭송하라고 하신 것입니다.


## 힘들고 어려워도
## 외로움보다는 낫다

이 게송에는 부처님의 다섯 가지 소망이 담겨 있습니다.

첫째는 늙은 부모가 자식에게 쫓겨나는 일이 없는 것입니 다. 둘째는 아들이 늙은 부모를 쫓아내는 일이 없는 것입니다. 셋째는 늙은 부모가 문전걸식하는 일이 없는 것입니다. 넷째는 자식이 늙은 부모의 의지처가 되어 주는 것입니다. 마지막 다섯 째 소망은 자식이 늙은 부모에게 지팡이만도 못한 존재가 되지 않는 것입니다. 부처님은 이러한 까닭에 아들을 사회에 고발하 셨고, 어디에도 있어서는 안 되는 일이 세상에 다시는 없기를 소 망하신 것입니다.

결국 부처님은 불효자가 없는 사회, 불행한 부모가 없는 사회를 소망하신 것입니다. 이것은 오늘의 우리에게도 경종을 울립니다. 시대가 변하고 세월이 달라져도 부모와 자식 관계가 근본적으로 변할 수는 없습니다.

요즘 우리나라의 국력이 어느 정도 신장되다 보니 사회복지의 일환으로 요양원이나 양로원 같은 시설을 설치해 노부모 모시는 것을 국가가 일정 부분 책임져 주고 있습니다. 이러한 정책이 자식들의 부담을 덜어 주고 있는 것도 사실이지만 긍정적인 면만 있는 것은 아닙니다. 자식들의 부담을 어느 정도 덜어 준 것은 유익하지만 다른 한편으로는 부모와 자식 사이가 더욱 건조해질 수 있습니다. 양로원이나 요양원이 아무리 노인들을 위한 시설이라고 하나 그것은 어디까지나 가족과 격리된 공간입니다. 그러한 공간에 있다는 것만으로도 노인들은 정서적인 소외감뿐 아니라 마치 삶의 끝에 당도한 것 같은 남모르는 비애를 느낄 수도 있습니다. 노인들이 그런 느낌을 가져서는 안 됩니다. 그러므로 부모와 자식 사이는 좀 힘들고 어려움이 있어도 함께 살며 더러는 불평도 하고 짜증도 내는 속에서 자식은 잘못된 것을 바로 반성하고 부모는 자식의 심정을 이해하는 촉촉함과 애틋함이 있어야 합니다.

우리는 경제성장, 복지확대, 사회통합, 평화통일 같은 것만 열망하고 주창할 것이 아니라 전 국민적인 효심 함양 운동도 전



청화 스님

개토록 해야 합니다. 소위 천륜이라고 하는 부모와 자식 사이가 행복하지 못하고 불행하다면 설령 이 나라가 세계 최고의 일류 국가가 된들 그것이 무슨 의미가 있겠습니까. 효심은 현재의 부모를 기쁘게 해 주고 미래의 나를 편안케 해 주는 것이므로 모든 사람이 희구하는 삶의 조건이며 가치가 돼야 합니다.


## 가장 순수하고 순백한
## 착한 마음


그런데 이 효심이라는 마음이 어디서 나오는 것인지 아십니까. 그것은 착한 마음에서 나옵니다. 착한 마음이 바로 효심의 뿌리이며 원천입니다. 착한 마음은 남에게 기쁨을 주고 편안함, 호감을 줍니다. 가장 순수하고 아름답고 순백한 마음이 착한 마음입니다. 공자 곁에 증자라는 제자가 있었습니다. 공자는 이 제자를 노둔하다고 평했습니다. 증자는 비록 영특하지는 못했지만 남다른 노력과 실천으로 학문을 닦았고 수양을 쌓았습니다. 그 결과 그는 공자의 십대 제자 반열에 올랐습니다. 또한 그는 『효경』을 지어 유교가 효 사상을 근본으로 삼도록 하는 데 크게 기여했습니다. 그는 삶을 통해 효행을 실천했던 사람이며 마음이 착하기로도 이름이 났습니다. 그는 사소한 잘못에 대해 죽을 만큼 매를 때렸던 그의 아버지를 원망하는 대신 거문고를 뜯으며 아무 일 없었다는 듯 태연하게 노래하여 아버지의 마음을 편하게 해 드렸습니다. 또 커다란 잘못을 저지른 아내를 친정으로 내쫓으며 사소한 구실을 붙임으로써 사람들로 하여금 아내의 잘못을 따지기보다 자신의 처사가 너무했다고 비난하도록 하여 나약한 처지에 있던 아내를 배려해 주기도 했습니다. 이처럼 증자는 마음이 착했습니다. 그의 착한 마음이 부모를 향해서는 효심이 되고 죄 있는 약한 아내를 향해서는 큰 허물을 작은 죄로 덮어 주는 자비심이 된 것입니다.

자식으로부터 홀대받거나 버림받기를 원하는 부모는 아무도 없습니다. 모든 부모는 자식이 효자이기를 바랄 것입니다. 그러기 위해서는 지금 노부모님을 모시고 있는 모든 자식이 증자와 같은 착한 마음으로 돌아가야 합니다. 증자와 같은 효심으로 부모님을 모시면 됩니다. 그러면 훗날 자신들이 늙은 부모가 되었을 때 그들의 자식 또한 증자와 같은 효자가 될 것입니다. 그러한 때 부처님이 소망하신 불효자가 없고 불행한 부모가 없는 세상이 올 것입니다. 오늘 법회가 불효자가 없고 불행한 부모가 없는 그런 세상을 만들기 위해 효심을 회복하는 기회가 되었으면 좋겠습니다.



청화 스님

도업 스님

범어사에서 동헌 스님을 은사로 출가하였다. 일본 교토 불교대학에서 유학하며
화엄학 연구로 석·박사학위를 받았다. 동국대학교 불교문화대학원장,
정각원장 소임을 보았다. 원효학연구원장, 정토학회장을 역임하였고 현재
동국대 명예 교수, 대각회 이사장 자리에 있다.

# 중생의 삶, 보살의 삶

지구에는 150만 종 이상의 생명체가 살고 있다고 합니다. 인간을 포함한 생명체의 삶을 크게 나누면 축생의 삶, 중생의 삶, 보살의 삶으로 볼 수 있어요. 축생이란 본능적인 삶입니다. 잠자고 밥 먹고 번식 행위 하는 것이 삶의 전부이며, 꿈도 철학도 없지요. 심히 괴로운 삶입니다. 중생의 삶은 본능과 업력에 이끌려 사는 삶입니다. 꿈이나 철학은 있지만 업력에서 벗어나지 못하기 때문에 괴로움과 즐거움이 반반입니다. 보살의 삶은 어떻겠습니까? 보살이라 해도 본능으로 살아가는 것은 축생, 중생과 다르지 않아요. 그러나 보살에게는 일체 중생의 행복을 바라는 흔들리지 않는 원력이 있기에 삶이 항상 즐겁습니다. 여러분은 어떤 삶을 살고 싶습니까?



도업 스님

# 눈을 가리고
# 100미터만 걸어 보라

짚신 장수와 우산 장수 두 아들을 둔 노파의 이야기를 잘 아실 겁니다. 노파는 비가 오면 짚신 장수 아들을 날이 개면 우산 장수 아들을 걱정하느라 근심이 그치지 않았지요. 그러다 한 생각 바꾸니 어떻습니까? 비가 오면 우산이 팔려 좋고, 볕이 들면 짚신이 팔려 좋으니 항상 즐겁습니다. 주어진 조건은 같은데 어떤 마음가짐으로 사느냐에 따라 괴로움이 올지 즐거움이 올지가 확연히 달라지는 것입니다.『화엄경』에 이런 말씀이 있습니다.

> 사음수(蛇飲水)하면 성독(成毒)이요
> 우음수(牛飲水)하면 성유(成乳)니라.
> 지학(智學)은 성보리(成菩提)하나
> 우학(愚學)은 성생사(成生死)로다.

똑같은 물인데 누가 마시느냐에 따라서 독이 되기도 하고 우유가 되기도 합니다. 지혜로운 배움은 깨달음을 얻게 하고 어리석은 배움에는 오히려 더 많은 번뇌가 따르게 되지요. 마찬가지로 축생과 중생과 보살의 길 가운데 무엇을 선택하느냐에 따라 우리의 삶도 행복과 불행으로 갈립니다.

보살의 삶은 무엇일까요? 어렵게 생각할 것이 하나도 없습니다. 나도 좋고 남도 좋은 삶을 발원하는 마음을 쓰면 됩니다. 축생과 중생은 자신의 이익만을 위해 살고, 보살은 너와 내가 둘이 아닌 삶을 살지요. 그 차이는 '눈'을 가지고 이야기할 수 있습니다. 보살은 눈을 뜬 사람이고, 중생은 눈먼 사람입니다. 눈이 멀면 단 100미터를 가더라도 얼마나 불편하고 불안하겠습니까? 여러분, 오늘 딱 100미터만 눈을 가리고 걸어가는 체험을 해 보세요. 한 발짝 떼기가 막막해 머뭇거리다 겨우겨우 걷는다 해도 여기저기, 이 사람 저 사람 부딪히거나 걸려 넘어지기도 할 것입니다. 잠시 눈을 가렸을 뿐인데 이렇게 다르구나 하는 경험을 한 뒤에 다시 눈을 떠 보십시오. 눈으로 볼 수 있고 없고의 차이를 여실히 알게 될 겁니다.

심안(心眼)이라는 것도 있습니다. 육안(肉眼)으로 보기 위해서는 어느 정도 시력을 갖춰야 하고, 빛도 있어야 하고, 적당한 거리를 두는 등의 조건이 필요하지요. 육안으로 본다는 것은 조건이 맞아야 인식과 판단이 가능한 데 반해, 심안으로는 조건이나 형체 유무에 관계없이 업식(業識)이 맑으면 볼 수 있습니다. 다시 말해 시공을 초월해서 볼 수 있는 것이 심안입니다. 지금 여러분의 삶에 혹시 힘든 일이 있다면 그 이유는 무엇일까요? 돈이나 명예를 얻지 못해서, 혹은 남편이나 아내 때문일까요? 아닙니다. 심안을 뜨지 못했기 때문이고, 바로 지금 보살의 삶을 살고 있지 않기 때문입니다.

이제 살펴볼 것은 '어떻게 하면 심안을 뜰 수 있는가'입니다. '어떻게 하면 보살의 삶을 살 수 있는가'라는 질문을 던져 보자는 거예요. 그것은 지식이나 학문, 재물, 권력 등으로 얻을 수 있는 것이 아닙니다. 심안은 마음공부를 통해서 열릴 수 있습니다.


## '보살의 눈'을 얻는
## 세 가지 길


심안을 얻기 위해 해야 할 첫 번째는 '믿음을 바탕으로 발심하는 것'입니다. 우리 모두는 본래 심안이 열려 있는 '완전구족자(完全具足者)'라는 믿음을 가지세요. 우리 모두는 심안을 가지고 있지만 구름이 해를 가리고 있듯이 업식이 잠시 심안을 가리고 있을 뿐입니다. 그 믿음의 토대 위에 '원(願)'을 세우는 것이 발심입니다. 중생은 업력에 끌려 살지만 보살은 스스로 세운 원력으로 살지요. 원은 무에서 유를 창조하는 원동력입니다. 석가모니 부처님은 전생에 세운 원에 의해서 생사해탈의 대각을 이루셨고, 법장 비구는 48대원을 세워 아미타불이 되셨습니다. 멀리 갈 것도 없이, 유명한 과학자 뉴턴은 원에 의해서 만유인력의 법칙을 발견했고, 에디슨은 전기를 발명했어요. 인류의 역사를 바꾸는 위

대한 발견과 발명은 원에 의하지 않고서는 이뤄 낼 수가 없습니다. 여러분도 무언가를 이뤄 내려면 원을 세워야 합니다. 거창한 원이 필요한 건 아닙니다. 지금 있는 자리에서 자기 그릇대로 마음 낼 수 있는 원을 세우면 됩니다.

원은 만물을 창조하고 성취하는 에너지이고 원동력입니다. 무언가를 이뤄 달라고 비는 타력의 원이 아니라 스스로 이루겠다고 다짐하는 자력의 원이기에 성취되는 것입니다. 인간으로 태어났다 해도 원을 세워 끊임없이 실천하지 않는 삶은, 좀 듣기 거북할 수도 있겠지만 배고프면 먹고 피곤하면 잠자고 때가 되면 짝짓기 하는 축생의 삶과 다를 바 없습니다.

두 번째는 '정진'입니다. 한 가지 일에 몰두하고 그것을 반복하면 흔히 말하는 '기적'이 일어납니다. 이해하기 쉽게 비유를 들어 볼까요? 허공에는 빛이 가득하지만 그 빛으로 인해 불이 일어나지는 않습니다. 그러나 허공의 빛을 렌즈로 5분만 모으면 불이 붙습니다. 그와 같이 산란한 생각을 하나로 모아 삼매에 들면 지혜가 열립니다. 이것이 바로 삼매의 힘입니다.

『논어』에 "학이시습지(學而時習之)면 불역열호(不亦悅乎)"라 했습니다. '배우고 그것을 때때로 익히면 그 또한 기쁘지 아니한가.'라는 뜻이지요. 이 중에 '학(學)'과 '습(習)'에 큰 의미가 있어요. 어떤 일이든 배움과 익힘에 몰두하면 그것이 정진입니다. 불교에서 말하는 기도, 염불, 좌선, 독경, 주력 등의 수행도 마찬가지 원리입니다. 믿음을 바탕으로 한 발심을 정진의 힘으로 이어 가야 합니다.

'보살의 눈'을 얻는 세 번째 길은 '그냥 하는 것'입니다. 『금 강경』에 나오는 "응무소주(應無所住) 이생기심(而生其心)"이라는 말씀을 생각해 봅시다. 원을 세우고 일심으로 정진하되 아무런 조건 없이, 바라거나 구하는 마음 없이, 집착이나 생색내는 마음 조차 없이 그냥 하면 됩니다. 예불 때마다 『천수경』을 독송하다 보면 "무위심내(無爲心內) 기비심(起悲心)"이라는 구절을 만나실 겁니다. 얼마나 좋은 말인가요? 한 바가 없는 마음에서 자비의 마음을 일으키는 것 그대로가 보살의 삶입니다.

수행이든 일이든 무엇을 할 때는 '그냥' 하는 마음, 무위심 으로 하고 나서 "원만성취하여지이다. 스바하."라고 축원하면 됩니다. 이것이 무연자비(無緣慈悲)의 행입니다. 모든 공덕을 조 건 없이 나누는 이 마음을 지니고 산다면 심안이 활짝 열릴 것입 니다. 중생의 삶과 보살의 삶. 여러분은 어떤 삶을 사시겠습니 까? 그 선택은 지금 여러분의 손에 달려 있습니다.

지 오 스 님

1970년 광덕 스님을 은사로 범어사에서 출가했다. 동국역경원에서 공부하던 당시,《불광》창간 발행을 도왔다. 해인사와 송광사, 통도사, 범어사 선원 등에서 두루 정진했으며 대만과 중국에서 공부했다. 불광사 주지를 비롯해서 해인사 강주, 범어사 강주를 거쳐 범어사 교수사로 선교겸수(禪敎兼修)의 경지를 후학에 회향하고 있다.

# 귀신이 통곡할
# 노릇을 만들라

일타 큰스님께 물었습니다.

"저는 전생에 무엇이었습니까?"

"지오는 가만 보니 전생에 선비였어."

내가 공부하는 걸 참 좋아했어요. 책상머리에 앉아서 번역한다든지, 연구한다든지, 논문 쓴다든지, 책 본다든지 하면 시간 가는 줄 모르고 너무나 기쁘게 했거든요.

"스님은 전생에 어떤 몸을 받으셨습니까?" 하고 물으니 "나는 비구니였어." 하셨어요. 전생에도 부처님 법 만난 부처님 제자였다. 그 말이지요.

"전생에 내가 부처님의 제자로 있었기 때문에 이번 생에 우리 집안사람들이 전부 스님이 되었지. 지오, 자네도 공부 열심히 하게. 다음 생에 또 부처님 제자로 태어날 게야."

가족 모두가 출가 수행자가 된 일타 큰스님의 그 말씀이 가슴에 와 닿았었지요.


## 부처님 법 만난
## '연분'

여기 오신 모든 분들도 전생에 사람 몸 받아서 불법 인연 맺었던 부처님 제자였다고 저는 생각을 합니다. 그렇지 않다면 부처님 법을 들을 수 있는 이런 자리에 못 옵니다. '인연'이라는 게 있기 때문이지요. 중국 사람들은 이것을 부처님과의 '연분(緣分)'이라고 표현해요. 연분이란 떼려야 뗄 수 없이 가장 가깝게 만나지는 것을 말합니다. 처녀 총각 만나서 부부 되는 걸 연분이라고 하지 않습니까.

우리는 이전 생에 몇 천 생, 몇 만 생을 무슨 몸을 받아 어디에서 태어나 어떻게 살아갔는지 모릅니다. 한마음을 밝힌 사람만 알지, 그 이전을 모른다는 겁니다. 이 마음을 밝힌 사람을 부처님이라 하고 완전하게는 아니더라도 부처님하고 엇비슷하게 밝힌 사람을 보살이라고 합니다. 석가모니 부처님도 어머니 아버지를 모시고 있었던 태자였고, 그 이전에는 호명보살이었지요. 그렇기에 우리는 전생이나 금생이나 다음 생이나 부처님 가르침을 따르는 한 길을 가는 이상, 알든 모르든 부처님의 전신(前身)으로 살아가는 겁니다. 이것이 바로 부처님과의 연분이에요.

광명진언(光明眞言)을 아시지요? 어둠이 드리운 곳에 어둠을 사라지게 하고 광명으로 채워지도록 하는 진언입니다. 진언이든 참선이든 수행에 깊이 들어가 내 마음의 어둠을 완전히 녹여 버리면 그 순간에 온전히 밝은 마음, 부처 마음이 되는 거예요. 이 경지에 들어가서 남편을 가만히 떠올리다 보면, 집에서 나갈 때부터 직장 가서 일하고 집에 돌아오기 전 어디에 가서 한잔하고 어떻게 왔다 하는 것까지 다 보입니다. 이것이 선정(禪定)이에요.

마음이 맑은 사람은 그 자체가 광명 덩어리이기 때문에 어두운 것들이 가까이 오지 못합니다. 이런 사람의 주위는 밝은 것, 좋은 것, 행복한 것으로 둘러싸여서 가족이나 친구, 가까이 있는 사람들도 그 광명의 힘을 입게 되지요. 한마음 밝히는 공덕이 이토록 대단합니다.


# 가야 할 곳을
# 분명히 아는 도리


스님들이 승가대학에서 공부하는 책 중에 『서장(書狀)』이 있습니다. 그 책에 '교거처분명(敎去處分明)'이라는 구절이 나와요. 내가



지오 스님

가야 할 곳을 분명히 알아야 된다는 말이지요. 우리는 어디로 가고 있나요? 우리는 어디로 가야 합니까?

사람은 가족력이 있습니다. 내 어머니, 아버지가 몇 살까지 사셨는지를 생각해 보세요. 그 나이 비슷하게, 거기에서 좀 더 살 수도 있고 덜 살 수도 있는 것이 가족력입니다. 나를 보면 속가의 나를 낳아 길러 주신 거사님은 칠십 다섯에 가셨고, 젖 먹여 길러 주신 보살님은 팔십에 가셨습니다. 그럼 나는 칠십 다섯에서 팔십까지는 살지 않겠나 하는 계산이 나옵니다. 지금 예순일곱이니까 13년 남았어요. 13년은 눈 깜짝할 사이에 지나갑니다. 여러분도 지금까지 살아온 것은 생각하지 마세요. 가족력을 짚어 보고 '내가 얼마나 살 수 있겠나?' 하는 것을 스스로 가늠해 보세요. 그러고 나면 어떤 생각이 들겠습니까? '아이고, 급하구나.'

급합니다! 급합니다! 안 급하다고 생각하면 안 됩니다. 며느리하고 싸움할 시간 없어요. 아들 붙잡고 잡비 더 달라고 실랑이할 시간 없습니다. 친구하고 이웃하고 싸움할 시간 하나도 없습니다. 싸움하다 죽으면 어떡하겠어요. 지금 이렇게 급한 마당에. 제가 옛날이야기를 하나 해 드리겠습니다.

중국에 염관사라고 하는 절이 있어요. 이 절 선방에 공부를 많이 하신 재안 스님이라는 분이 계셨지요. 어느 날 방장 스님이 그분께 "그동안 보살행을 많이 하고 공부를 쌓았으니 이제 대중

스님들을 위해 원주 소임을 좀 맡아 주시게. 그러면 하는 일마다 공덕이 있지 않겠는가." 하고 말씀하시니 이 스님이 할 수 없이 "예, 그리하겠습니다." 하고 원주로 살았습니다.

이 분이 연세가 많이 든 분이었는데, 하루는 밤중에 시커먼 옷을 입은 건장한 청년 둘이 와서 "네가 재안이라고 하는 스님이냐?" 하는 겁니다. 스님은 "그렇다."고 했지요.

"네가 가야 할 데가 있다."

"그곳은 어디며, 당신들은 도대체 누구냐?"

"우리는 염라대왕의 사자다. 너를 잡으러 온 것이다."

"좋다, 그러면 나한테 일주일만 시간을 달라. 내가 선방에서 정진하다가 대중을 위해 원주 생활을 하다 보니까 공부를 좀 등한시했다. 가기 전에 정진을 좀 해야겠다."

"우리가 일주일을 줄 수는 없고, 당신이 그렇게 부탁하는 것을 염라대왕한테 이야기해 보겠다. 오늘이 지나가기 전에 다시 오면 염라대왕이 허락을 안 한 거고, 오늘이 지나가도 안 오면 허락한 것으로 알아라."

이렇게 하고 갔는데 밤새도록 기다려도 안 오길래 '아, 일주일 여유를 줬구나.' 싶었지요. 그래서 방장 스님한테 가서 "내가 정리를 좀 해야겠습니다." 하고 일주일 동안 선방에 들어가 정진을 한 거예요. 화두 잡고 했겠지요. 늘 선방에서 정진했기 때문에 그 힘 그대로 하니까 마음이 금방 맑아졌습니다.

저승사자도
못 잡아가는 사람

딱 일주일이 지나서 염라대왕이 보낸 사자 둘이 왔는데, 재안 스님이 대청마루에 앉아서 맞이했어요. 사자를 왜 둘씩 보내는지 아십니까? 도망가면 앞뒤로 잡으려고 그런 거랍니다. 재안 스님은 삼매에 들어갔으니 이 둘이 양쪽에 떡하니 앉는 것이 다 보이지요. '요놈들 왔구나.' 하고 스님이 『금강경』을 외우는데 따라 외우더라는 겁니다. '이 정도는 할 줄 아는구나. 그럼 이건 할 줄 아는가 보자.' 하고 다라니를 외웠대요. 사자가 둘이서 『금강경』을 읽다가 보니까 재안 스님이 없는 거예요. 어디 갔나 하고 보니까, 『금강경』 읽던 재안 스님은 없고 신묘장구대다라니를 하고 있는 재안 스님이 있는 거예요. 그래서 또 바로 따라 했지요. '하, 요놈들 제법이네. 어디 보자. 요번에 한번 보자.' 그러면서 화두 삼매에 들어갔어요.

재안 스님이 삼매에 들어가서 가만히 보고 있었더니, 사자가 둘이서 "어, 신묘장구대다라니 외우던 재안 스님이 어디로 가 버렸지?" 이러더니만 자리를 박차고 스님을 찾아나서는 거예요. 어디 숨었는가 싶어서 온 절 구석구석 여기도 찾아보고 저기도 찾아보고, 아무리 다 찾아봐도 재안 스님이 안 보이는 겁니다.

선정에 들면 몸뚱이는 그대로 있어요. 몸뚱이는 어머니, 아버지한테 받은 것이기 때문에 우리가 저세상 갈 때 이 몸 안 가지고 갑니다. 마음, 영혼이 갑니다. 재안 스님 몸뚱이는 대청마루에 앉아 있지만, 사자가 데려갈 것은 이 몸뚱이가 아니기에 아무리 찾아도 데려갈 그 무엇이 보이질 않는 겁니다.

사자들이 대청마루에 돌아와서 두 다리를 뻗고 앉아서 엉엉 웁니다. "아까 우리가 봤을 때 잡아갈 것을, 이제 놓쳐 버렸으니 어떡하나. 귀신이 못 잡아가는 사람이 없는데 우리 귀신이 와 가지고 재안이를 못 잡아가니 귀신이 통곡할 노릇이구나!"라며 마루를 치고 막 우는 거예요.

이렇게 '귀신이 통곡할 노릇이네.' 하는 말을 중국 염관사에 있는 재안 스님이 만들었다는 이야기입니다. 그 어원이 이렇게 된 것이에요. 여러분도 이와 같이 한마음 밝혀 '귀신이 통곡할 노릇'을 만들어 보십시오.



지
오
스
님

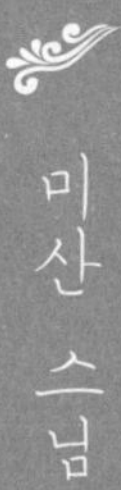

미산 스님

1972년 백양사에서 서옹 대종사를 계사로 수계한 이래 수행과 교학에
전념해 왔다. 동국대학교 선학과를 졸업한 후 스리랑카와 인도로 건너가
약 5년간 빨리어와 산스크리트어 문헌을 연구했다. 인도 뿌나대학교에서
1992년 석사학위를 받았으며, 영국 옥스퍼드대학교 동양학부에서 철학박사
학위를 받고 미국 하버드대학교 세계종교연구소 선임연구원으로 재직하였다.
귀국 후에는 고불총림 백양사 참사람수행원 원장과 대한불교조계종 총무원
사회부장을 역임하고, 현재 백운암 상도선원 선원장과 중앙승가대학교
포교사회학과 교수로 재직하고 있다. 한국불교의 세계화와 불교 명상의
현대화를 이끌고 있으며, 현대인의 삶 속에 학문과 수행이 결합된 생활불교,
실천불교를 뿌리내리는 일에 정진하고 있다.

# 너의 잘못은 0이고
# 나의 잘못은 100이다

사람의 목숨은 숨 쉬는 사이에 있습니다. 숨을 들이쉬었다가 내쉬지 못하면 죽음이지요. 이처럼 목숨이 찰나지간에 있는데도 백 년, 이백 년 살 것같이 욕심을 내며 살아갑니다. 정신을 바짝 차리고 부처님 말씀대로 실천하며 살기에도 시간이 모자랍니다. 그런데도 "금년에는 어려운 것 같고 내년에나 제대로 하지 뭐. 이생에는 글렀고 내생에나 하지 뭐."라며 공부를 안 하고 게으름을 부리게 되지요. 앞으로는 매일 108배를 하겠다며 새해를 설계하지만, 작심삼일이라고 금방 마음이 해이해지기도 하고요.

어떻게 하면 마음먹은 바를 꾸준히 실천할 수 있을까요? 수행을 잘하는 사람은 순간순간마다 자기를 점검합니다. 그렇게 하지 않으면 어느새 습관대로 살기 때문입니다. 지금 이 한순간에 목숨이 달렸다 생각하고 정진해야 합니다.



미산 스님

## '재앙-프리'의 삶

저희는 오로지 부처님께 귀의하여
지극정성 다하여서 공양하고 받들리다.
저희는 일심으로 가르침을 지키어서
어떤 일이 있더라도 어기지 않으리다.
저희는 성심으로 수행자를 믿고 따라
해탈성불 위한 길에 동행자가 되오리다.


불자라면 누구나 지켜야 할 '삼귀의계'입니다. 삼귀의계를 지키는 것은 불자 생활의 가장 기본이 되는 자세예요. 아침마다 하루를 시작하며 자신이 불자라는 인식을 떠올리세요. 불자라면 먼저 부처님·부처님 가르침·가르침을 따르는 수행자, 이 불법승 삼보를 받들고 실천하는 것이 중요합니다.

한 해를 살아가다 보면 여러 우여곡절이 있겠지요. 누구나 평안하고 무탈하게, 재앙이 없는 삶을 살고 싶을 것입니다. 초기경전에서는 "재물은 있다가도 없어지고 건강하다가도 병고액난이 닥치지만, 자기를 비우고 복 짓는 행위는 아무리 큰 도적도 뺏어갈 수 없다."라고 말하고 있어요. 복 짓는 일이라는 것은 바로 불법승 삼보께 공양하고, 수행하는 마음을 놓치지 않는 것이에요. 평안하고 무탈한 '재앙-프리(disaster-free, 재앙으로부터 자유로운, 재앙이 없는)'의 삶을 살고 싶지요? 수행과 함께 복을 짓는 삶에는 재앙이 끼어들 틈이 없습니다. 부처님을 모신 도량에서 마음을 다해 부처님께, 부처님 가르침에, 가르침을 따르는 수행자에게 공양을 하세요. 그리고 매순간 자기를 돌아보는 수행을 한다면 재앙이 다가올 수 없는 방패가 된답니다.


# 다섯 가지
# 새해 목표

새해를 설계하기 위해서는 먼저 작년을 되돌아봐야 합니다. 다섯 가지 목표를 가지고 한 해를 돌아보고 나서 새해를 어떻게 살아야 할지 계획을 세워 봅시다.

첫째, 우선 부처님 가르침 중에 가장 중요시해야 하는 것은 무엇일까요? 바람직한 가치관을 갖는 것입니다. 즉 정견(正見)을 갖는 것이지요. 삶과 세상을 바르게 보아야 해요. 작년 한 해 동안 정견을 갖고 살았는가 한번 돌아보세요. 공부하고 수행하면서 정견이 흔들린 적이 있는지 생각해 보세요. 직장, 가정, 학교에서 정견을 갖고 살아왔는지도 말입니다. 올해는 정견을 확립하겠다는 서원을 세우고 새해를 맞이하도록 합시다.

둘째, 큰 이상 다시 말해 원력(願力)을 갖고 살아오셨나요?



미산 스님

원력은 세속에서 말하는 희망과는 질적으로 차이가 있습니다. 원력은 보살들이 갖는 큰 서원이에요. 경전에 보면 보현행원, 아미타 48원 등 여러 원이 있습니다. 보살의 원력은 '나'라는 개체에 머무르지 않아요. 우주의 모든 것이, 나와 남이 따로 없다는 동체대비(同體大悲)의 이상을 실현하려는 바람이지요. 우주를 대상으로 큰마음을 갖고 살아가겠다는 서원을 대원심(大願心)이라고 합니다. 보살의 원력으로 살면 아무리 큰 고통과 갈등도 나를 해칠 수 없어요. 대원심은 우리의 마음을 넓게 하고 삶의 폭을 광활하게, 삶의 질을 밀도 있게 해 줍니다. 새해에는 커다란 원을 세웁시다.

셋째, 마음을 잘 다루고 살았는지 돌아볼 필요가 있습니다. 내 것이라고 생각하지만 다루기 힘든 것이 마음이에요. 미세한 부분부터 거친 부분까지 마음 다루기를 얼마나 잘했는지 돌이켜 봅시다. 주변 사람에게 일방적으로 내 뜻을 강요하고 마음 상하게 하지는 않았나요? 새해에는 마음을 잘 살피고 잘 다루며 살아 봅시다.

넷째, 화합의 마음으로 한 해를 살았나요? 공동체 속에서 살아가는 인간이 가져야 할 덕목은 '화합'이에요. 나를 비우고 상대방을 받아들이는 마음이 없으면 고통이 화합의 마음자리를 차지해 버립니다. 새해에는 화합의 마음으로 살아갑시다.

다섯째, 항상 베푸는 삶을 살았는지 되짚어 보세요. 보시는 육바라밀의 첫 덕목이지요. 모든 보살수행의 기본입니다. 초기 경전뿐만 아닙니다. 『화엄경』에는 십바라밀이 나오고, 『유마경』도 보시를 강조합니다. 보시를 함으로써 선업(善業)이 더 커지기 때문이에요. 이를 작선(作善)이라고 합니다. 선심(善心)이 없으면 정견, 원력 등 앞에서 말한 네 가지 바탕이 사라집니다. 선심을 쌓는 효과적인 방법은 끊임없이 베푸는 것이에요. 재시·법보시·무외시, 이 세 가지 대표적인 보시를 1년간 열심히 하겠다고 다짐합시다.


## 행복해지는 묘책,
## '지금 여기'


살아가면서 답답하고 잘 안 되는 일이 있다면, 그 일이 풀리도록 노력해야지요. 활기차고 다이나믹하게 살 수 있는 방법을 제가 하나 가르쳐 드리겠습니다.

　　행복해지는 묘책은 '지금 여기'에 있는 것입니다. 저는 '지금 여기'를 주문처럼 외고 다닙니다. '지금 여기'에 깨어 있는 마음이 수행의 본질이고 핵심이지요. 『임제록』에서도 '즉시현금(卽是現今) 갱무시절(更無時節)'이라는 말씀이 나옵니다. '지금이 할 때이고, 그때는 다시없는 법'이라는 말씀이에요. 빨리어로는 지금 여기를 '디테와 담마(ditteva dhamma)'라고 합니다. 어려운 말로 할 것 없어요. 지금 여기에 깨어 있지 못하면 사견, 자기 욕심, 방만 속에 인색한 삶을 살게 됩니다. 범부의 삶은 괴로움의 연속이에요. 과거를 바라보며 후회와 아쉬운 마음을 갖게 되고, 미래를 생각하며 조급함, 불안함, 잘못될 것만 같은 두려운 마음을 갖습니다. 과거나 미래에 가 있는 마음은 항상 그런 결과를 만들어 냅니다. 마음이 자꾸 지금 여기를 떠나게 되면, 입으로 '지금 여기'라고 말하세요. 나를 지금 여기로 잡아 오는 것입니다. 불교 수행의 모든 원리가 바로 여기에 있어요. 지금 여기에 깨어 있는 이것 없이는 화두도 염불도 힘이 나오지 않습니다. 마음이 여기저기 돌아다니면 해 봤자 공염불이에요.

자기 자신의 모습을 있는 그대로 보면 됩니다. 여기서 모든 가능성이 싹트게 되는 것이죠. 여실지견하라는 것입니다. 이때 비로소 수행의 길에 들어서게 됩니다. 직장에서 받는 스트레스, 가족 관계에서 오는 집착심들, 즉 상대방이 좀 더 잘해 줬으면 하는 기대 때문에 현재 여건보다 더 많은 것을 요구하는 힘든 삶이 됩니다. 물론 부단한 수행이 있어야겠지만, 일상에서 가능한 것은 순간의 모습을 그냥 감싸고 보듬어 주는 것입니다. 잘잘못을 먼저 생각하지 마세요. 먼저 수용하고 보듬어 주는 것이 중요합니다.

'너영나백'이라는 말을 들어 보셨나요? '너의 잘못은 0이고,

나의 잘못은 100이다.' 이렇게 생각을 하자는 겁니다. 이런 식으로 마음을 잘 다스려서 상대방의 짐을 덜어 주고 같이 대화를 나누면 좀 더 행복해지게 됩니다. 그러다 보면 모든 사람을 사랑으로, 자애로 대하게 됩니다. 지금 이 순간 알아차림이 되는 것이에요. 삿된 생각이 멈추고 그 다음엔 잡고 있던 집착들이 놓이게 됩니다. 방하착(放下着)이 되는 것입니다. 그렇게 되면 있는 그대로 보는 지혜가 저절로 생겨요. 자기 자성을 직시하는 회광반조(回光返照)가 그냥 이 자리에서 늘 되는 거예요.

'지금 여기'에서 꾸준히 정진하시기를 부탁합니다. 한 해 동안 부디 무탈무병하고 만복이 깃들기를 함께 기원합니다.

성열 스님

현재 강남포교원장을 맡고 있다.
지은 책으로『부처님 말씀』『자유인 임제』『산쓰끄리뜨문 금강경공부』『고따마
붓다』가 있다.

# 대상을 비추는 거울처럼
# 변화를 그대로 인식해야

제 옛날 노장님들께 처음 불교를 배울 때 그저 중노릇 잘하는 법만 배웠습니다. 그런데 실상 포교는 재가자를 상대로 하는 것이니 중노릇 잘하는 법과는 상관이 없습니다. 중노릇하는 법은 혼자 사는 법입니다. 그러니 여러분도 스님 이야기를 들을 땐 고개를 끄덕끄덕 하지만 정작 본인에게는 해당 사항이 없는 이야기라고 생각할 때가 많을 겁니다. 우리나라 불교가 발전하기 위해서는 먼저 스님들이 출가자로 사는 공부와 신도들을 위한 공부를 함께 해야 하는데 그 두 가지가 제대로 안 돼 있는 경우가 많습니다. 그래서 포교당을 하면서부터 불교 공부를 새로 다시 하게 됐습니다.

# 몸 아프고 목마른
# 부처님

본래 출가자는 경제생활에 대해 고민할 필요가 없었습니다. 부처님 재세 시 부처님을 비롯한 모든 출가자들은 하루 한 끼를 탁발해 먹고 옷은 남이 버린 것을 주워서 꿰매 입으면 됐습니다. 재가자들이 어디 이렇게 사나요. 그런데 절에 가 보면 그 문제는 이야기를 안 합니다. 그러니 재가자들은 불교를 공부하면서 현실과 맞지 않는다는 말을 많이 하게 됩니다.

여러분이 많이 보시는 『금강경』, 『천수경』, 『반야심경』 등 경전에도 재가 생활을 어떻게 하라는 말은 없습니다. 그렇다고 해서 부처님이 재가자들에 대해 말씀하지 않으신 것은 절대 아닙니다. 부처님이 비구들에게만 설법하신 것도 아닙니다. 항상 재가자들을 만나 설법하셨습니다. 자연스럽게 경제적인 문제에 대해서도 많은 말씀을 하셨습니다. 여러분이 재가 생활을 하며 존경받는 불자가 되기 위해서는 『육방예경』 또는 『선생경』이라는 경전을 보시면 됩니다. 재가자가 생활하는 데 있어 어떻게 해야 훌륭한 불자인가를 이야기하고 있습니다. 재가자가 훌륭한 불자가 되기 위해서는 경제생활을 잘해야 합니다. 그러므로 스님들이 재가 생활에 대해 전혀 모른 채 포교를 하는 것은 큰 문제입니다.

이와 함께 오늘 여러분에게 드리고 싶은 말씀은 불교를 제대로 알고 제대로 된 불자가 되기 위해서는 무엇을 어떻게 공부해야 하는가에 관한 것입니다.

첫째, 불교 공부의 시작과 마지막은 석가모니라는 인물에 대한 연구입니다. 그분이 어떤 분인지, 그분이 어떻게 살았는지를 연구해야 합니다. 불교는 결국 석가모니 부처님의 사상을 본받아 그처럼 살기 위한 것입니다. 그런데 정작 우리에게는 석가모니 부처님이 없는 것이 현실입니다.

우선 고타마 싯다르타라는 역사적 인물에 대해 알아야 합니다. 왜냐하면 부처님이라는 분이 어느날 갑자기 등장한 것이 아니기 때문입니다. 고타마 싯다르타가 출가하기 전 아버지 정반왕은 아들이 붓다가 되는 것을 바라지 않았습니다. 그보다는 석가족의 유능한 지도자가 되어 카필라국을 강력한 나라로 만들기를 바랐습니다. 부처님이 출가하고 부처가 되어 마가다국에서 존경받는 인물이 된 이후에도 정반왕은 카필라성을 다시 방문한 부처님에게 다시 석가족을 다스려 달라고 부탁합니다. 하지만 부처님께서는 자신은 진리를 다스리는 법왕이라고 말씀하셨습니다. 그분이 아버지인 정반왕처럼 세속의 왕이 되었다면 오늘날 우리는 그분을 기억하지 못할 것입니다.

그렇다면 고타마 싯다르타는 왜 출가를 하셨을까요. 오늘날 우리는 사찰 벽에 그려져 있는 팔상도를 보면서 마치 그것이 부처님 생애의 전부인 것처럼, 부처님 생애를 우리가 다 아는 것처럼 생각하지만 사실은 그렇지 않습니다. 특히 초기불교 경전을 보면 부처님은 몸이 아프기도 하고 목이 마르기도 합니다. 하지만 여러분 머릿속에 있는 부처님은 이미 신격화된 부처님입니다. 역사성이 전혀 없습니다.

부처님을 가슴 깊이 느끼기 위해서는 초기불교에 나타나는 부처님을 봐야 합니다. 『아함경』을 봐야 합니다. 불교사를 보면 석가모니 부처님 시대, 부처님 열반 후의 부파불교 시대, 그리고 부파불교를 비판하며 나온 대승불교 시대로 연결됩니다. 대승불교에는 재가 불자의 입장이 많이 반영됐습니다. 한국불교가 발전하기 위해서는 재가자들이 출가자들을 비판하고 출가자들과 논쟁할 수 있어야 합니다. 그러기 위해서는 철저히 공부하고 수행해야 합니다. 그런데 우리나라의 재가 단체는 출가자를 비판하지 않습니다. 유마 거사와 같은 역할이 어느 때보다 필요합니다.

## 여(如),
## 집착하지 않는 거울처럼

불교를 제대로 신행하기 위해서는 부처님에 대한 이해와 함께 불교에서 쓰는 말을 바르게 이해해야 합니다. 불교에서 많이 쓰는 말 중에 '여(如)'가 있습니다. '그렇다'는 뜻입니다.

　부처님은 깨달음을 이루신 분이니 우리가 궁금해하는 것은 뭐든 답해 주실 것 같습니다. 과연 그럴까요? 『전유경』을 보셨나 모르겠습니다. 여러분께서도 잘 알고계실 '독화살의 비유'를 통해 가르침을 주신 경전입니다. 이 경전에 이런 내용이 나옵니다. 이교도가 부처님께 와서 열 가지 질문을 합니다. 그런데 부처님께서는 대답을 안 하셨습니다. 부처님은 오감을 통해 경험할 수 있는 범위 내에서만 대답을 하셨습니다. 경험 영역을 벗어난 영역은 대답을 안 합니다. 누가 이야기하든 타당한지 아닌지를 따질 수 없기 때문입니다. 부처님은 객관적으로 검증할 수 있는 것만 말씀하셨습니다.

　'여'라는 것은 오감으로 경험하는 세계에는 고정된 것이 없다는 것입니다. 비유하자면 바다가 항상 출렁이지만 바람이 있으면 파도가 높아지고 바람이 없으면 파도가 낮아질 뿐입니다. 하지만 항상 출렁입니다. 그것을 기억하기 위해 사진을 찍는다면 그것은 한순간 출렁임에 대한 기록일 뿐입니다. 현실은 끊임없이 흘러가는데 우리는 멈춰진 사진으로 기억을 하는 것과 같습니다. 이처럼 변화무상한 것을 표현할 수 없으니 '그렇더라'고 표현한 것입니다.

　그런데 우리는 세상을 의(意)라고 하는 주관적이고 이기적인 자기 입장에서 봅니다. 그렇기 때문에 선방에서 '방하착', 즉 내려놓으라고 하는 것입니다. 우리는 태어나서 지금까지 자라온 환경, 그리고 처한 입장, 현재의 자신 상태에 따라 세계를 봅니다. 모두가 똑같이, 객관적으로 보는 것이 결코 아닙니다. 우리는 자기가 상상하는 세계 속에 살고 있는 경우가 많습니다. 그런데 사람들은 자신이 객관적이라고 생각합니다. 변화무쌍한 것을 변화무쌍한 대로 직시해야 한다는 것이 '여'입니다. 거울처럼 보는 것입니다. 거울은 비치는 대로 봅니다. 고정된 것이 없습니다. 석가모니 부처님도 고정된 시선을 내려놓는 데 6년이 걸리셨습니다. 그러니 우리는 어떻겠습니까. 어려서부터 자기중심으로 보는 것이 습이 되고 익숙한 기질이 돼 있습니다. 이것을 다 떨어뜨려야 되니 쉽지 않습니다.


## 세 가지 법(法)


또 하나, 법(法)이라는 말이 있습니다. 그런데 이 법이라는 말은 구분해서 써야 합니다. 법이라고 할 때 그것이 지칭하는 범위가 색법(色法)이냐, 아니면 심법이냐를 구분해야 한다는 뜻입니다.

색법은 우리에게 보이는 물질적인 것이고, 그것에 대한 주관적인 판단이 심법입니다. 꽃은 색입니다. 그러니 색법의 세계 자체에는 선도 악도 없습니다. 다만 그렇게 있을 뿐인데 보는 사람이 마음에 들면 좋다 하고 그렇지 않으면 나쁘다 합니다. 그런데 그 꽃을 바라보는 각자의 마음은 다 다릅니다. 있는 그대로 보지 못하고 주관적인 생각을 개입해서 봅니다. 그처럼 생각이 들어가서 판단하는 것이 심법입니다.

많은 사람이 오해하는 말 가운데 하나가 바로 일체유심조입니다. 일체의 모든 것을 마음이 만든다는 뜻입니다. 그런데 이 속에 색법까지 들어가면 머리가 아파집니다. 예를 들어 백길 낭떠러지 앞에 서서 모든 것이 마음에 달렸다며 한 발 내딛는다면, 이건 골치가 아픈 일입니다. 여기서 '일체'의 범위는 심법에 해당합니다. 즉 주관적 판단을 할 때를 말합니다. 『달마어록』 중에 '안심법문'이라는 것이 있습니다. 거기에 보면 '예쁘다, 밉다에 객관적 차이가 있는 것이 아니라 자신이 밉다고 생각하는 순간 미운 것이다.'라고 했습니다. 그래서 심법은 내가 마음먹기에 달려 있다는 것입니다.

또 하나 이법(理法)이 있습니다. 흔히 '연기법'이라 부르는 것으로, 연기로서의 이치라는 뜻입니다. 부처님이 태어나셨느냐 아니냐와는 상관없이, 또 뉴턴이 만유인력을 발견했냐 못했냐와는 상관없는 법입니다. 즉 연기라는 세상을 알든 모르든 세상은 이 이치대로 흘러간다는 것입니다.

이 밖에도 몇 가지 더 있기는 하지만 적어도 이 세 가지를 구분해야 합니다. 이것을 모두 법이라는 말로 통칭해 쓰니 심법인지 색법인지 이법인지가 헷갈리게 됩니다. 불교를 정확히 공부하기 위해서는 이 세 가지를 구분해야 합니다.

오늘 세 가지를 말씀드렸습니다. 석가모니 부처님에 대해 바르게 알고 세상에 고정된 것이 없음을 바르게 이해하고 법의 의미를 정확히 사용할 수 있어야 합니다. 이것을 바탕으로 철저히 공부하고 수행하셔서 우리나라의 재가 불교를 더욱 굳건하게 하시길 바랍니다.

진우 스님

1973년 백운 스님을 은사로 출가해 상원사 청량선원, 용흥사 몽성선원 등에서 안거 수행하였으며 완도 신흥사를 비롯해 광주 관음사, 담양 용흥사 주지를 역임하였다. 백양사 총무 등 7직 소임을 두루 맡았으며 현재 고불총림 백양사 주지를 맡고 있다.

# 집착 놓을 때 업장 사라지고
# 좋은 부처님 씨앗 자라난다

여러분, 오늘은 업(業)에 대한 이야기를 하려고 합니다. 업장은 특별한 것이 아니라 내가 생각하고 보는 모든 것을 말합니다. 그러니 이 또한 일체유심조라 할 수 있습니다. 그래서 업장을 말할 때 '자업자득'이라고도 합니다. 우리가 보통 힘들다, 힘들다 하는데 내가 힘든 것은 그만큼 업장이 두텁다는 증거입니다.

업장은 상대적인 것이 모여 있는 것입니다. 행과 불행, 대소, 노소, 희로애락, 극락과 지옥 등 어느 하나가 생기면 다른 쪽도 따라서 생기게 됩니다. 따라서 좋은 것만을 원한다고 해서 그렇게 되는 것이 아니고, 반대로 나쁜 것만 없앤다고 해서 사라지는 것도 아닙니다. 이 반대되는 둘을 다 같이 없애는 것이 바로 해탈이고 피안이며 성불입니다. 우리가 모든 사물과 형상, 욕심과 집착, 정에서 한 발 떨어져서 무심할 때 업장이 사라지고 좋은 불종자가 생겨납니다.


## 분별없는 삶은
## 의외로 간단하다

불종자는 참선을 해서 생각을 비우면 생겨납니다. 그리고 보시를 비롯한 육바라밀을 통해서 마음을 바꾸는 것도 한 가지 방법입니다.

이제 마음을 한번 살펴보겠습니다. 마음은 심리적인 것입니다. 이것이 생기면 저것이 생기고, 이것이 사라지면 저것도 없어지는 것처럼 마음은 그렇게 생겼습니다. 따라서 행복을 구하려는 마음이 강하면 강할수록, 그만큼의 불행한 마음도 생겨납니다. 세상 모습도 마찬가지입니다. 우리가 사는 이 세상의 모습은 서로 상대적으로 이루어져 있습니다. 높은 것이 있으면 상대적으로 낮은 것이 생기고, 큰 것이 생기면 작은 것이 나타납니다. 또 건강하다가도 때로 병이 나고, 태어나면 언젠가는 반드시 죽습니다. 이 모든 것이, 하나가 생기면 다른 하나가 반드시 생겨나는 필연적인 것들입니다. 욕심이 생기면 괴로움이 따를 수밖에 없는 것도 이러한 이치와 같습니다. 그러니 욕심을 내지 않으면 저절로 괴로움도 없게 됩니다. 이러한 이치를 이해하면 우리가 어떻게 살아야 할지는 자명해집니다. 더불어 마음을 어떻게 써야 하는지에 대한 답도 알 수 있을 것입니다.

빈부귀천 또한 상대적인 것입니다. 내가 가난한 것은 부자를 보기 때문이고, 귀한 것은 천한 것이 보이기 때문이지요. 이 또한 마음에 따라 달라지는 것입니다. 가난한 것은 더 가난한 것에 비하면 부자가 되고, 귀한 것은 더 귀한 것에 비할 때 천한 것이 됩니다. 그래서 우리의 행복과 불행도 마음먹기에 따라 달라지는 것입니다. 그런데 여기서 문제는 비교되는 마음이 항상 교차되기 때문에 행과 불행도 반복된다는 데 있습니다. 마음이 시시각각 달라진다는 뜻입니다. 자신보다 더 크고 높은 쪽만 바라보면 불행한 마음이 생길 수밖에 없습니다. 그러나 작고 낮은 곳을 바라보게 되면 불행도 사라지게 됩니다. 행복하고 불행한 마음이 생각하기에 따라 달라진다는 말입니다. 따라서 내가 무엇을 하느냐가 아니라, 내가 마음을 어떻게 갖느냐가 중요합니다.

이렇게 말씀을 드리니까 어떤 분들은 '나는 부자가 되려는 것도 아니고, 권력과 명예욕도 없는데 왜 힘들까?' 하고 생각합니다. 하지만 이것은 스스로를 너무나 모르는 생각입니다. 이미 이것과 저것을 비교하고 분별하는 마음이 생겼기 때문에 나타나는 생각입니다. 비교하는 마음이 없으면 결코 속상하고 마음 아플 일이 없습니다. 업이라는 것은 그렇게 나타나게 됩니다.



진우 스님

오랜 습관이 자기도 모르게 반복되고 생각으로 나타나는 것입니다.

## 우리가 보고 듣는 모습은 껍데기에 불과합니다

업은 바로 과거의 모든 것이 농축된 것이기도 합니다. 우리가 갖는 상대적인 생각 역시 버릇이라고 말하는 습관에 해당합니다. 행복하려는 마음, 불행하지 않으려는 마음, 즐거워하려는 마음, 괴롭지 않으려는 마음도 그렇습니다. 행복하고자 하는 마음이 생기는 동시에 불행이 생기고, 즐겁고자 하면 괴로워지는 것이 그것입니다. 빛이 있으면 그림자가 자동으로 생기는 것과 같은 이치이기 때문에 행복하면 할수록 불행도 따르게 됩니다. 따라서 내가 가지고 있는 마음을 비우는 것이 생사를 없애는 척도라 할 수 있습니다. 생각이란 것 역시 상대적으로 이루어져서 시시비비를 간직하고 있기 때문에 행과 불행이 교차하고 생과 사가 거듭되어 윤회하고 있는 것입니다.

업이란 이렇게 상대적인 생각과 행동이 반복된 내용입니다. 그래서 업이 좋다는 것은 상대적인 생각이나 감정이 그만큼 적다는 뜻이고, 업이 나쁘다는 것은 그 반대입니다. 그러니까 이

제부터라도 우리가 보고 듣는 모습은 껍데기에 불과하다는 것을 직시해야 합니다. 돈 많고, 권세와 명예가 높다는 것은 모양에 불과할 뿐입니다. 내가 그렇게 생각함으로써 내 마음이 상대적으로 불편해진 것입니다. 자신의 위치보다 더 높은 곳을 바라보고 비교함으로써 불행해하고 있는 것입니다. 따라서 본인의 마음, 즉 업장에 의해서 행과 불행이 다르고 욕심의 크기에 따라 업장의 폭도 넓어지고 커지게 됩니다. 결국 잘되고 못되는 것, 잘 살고 못사는 것도 실제로 그런 것이 아니라 그렇게 바라보고 생각하는 내 자신의 마음이 그렇다는 것입니다. 그렇게 모든 것은 내 마음에서 만드는 것인데, 내 마음이 그렇게 된 것은 수많은 시간 동안 계속해서 망상을 하며 습관적으로 버릇이 굳어졌기 때문입니다. 그것이 곧 각자의 업입니다.

이 사바세계에서 일어나는 일들은 나의 업이 만들어 낸 모양이고, 그 세상을 바라보는 것 또한 나의 업에서 파생된 내용들입니다. 일체가 마음에서 만들어 낸 것이라는 뜻입니다. 이것은 곧 세상 모든 것이 내 마음이 만들어 낸 상대적 세계이기 때문에 실체가 없음을 말합니다. 실체 없는 허상인 실체, 즉 업장만 있을 뿐인데 이것 또한 상대적으로 나타나기 때문에 윤회 반복만 있을 뿐입니다. 이 실체 없는 업장과 상대적인 마음만 있으면 중생이고, 이것을 없애면 바로 부처입니다.

# 받을 생각을 하지 말고
# 어떻게 베풀까 고민하세요

그렇다면 업을 바꾸는 것이 우리가 풀어야 할 과제인데, 이것을 풀어가는 과정을 수행이라고 합니다. 수행 중에서도 생각을 비우고 마음을 비우는 것이 가장 중요합니다. 물론 꿈틀거리는 업장 때문에 쉽지 않은 일이지만, 업이란 상대적으로 나타나기 때문에 기회가 분명히 있습니다. 욕심이 없어질 때 마음을 비우는 노력을 하는 것이 중요합니다. 그리고 그 방법으로 염불을 하거나 화두를 들어 참선을 하는 것이 좋겠습니다. 금강석처럼 굳어 있는 업장을 녹이는 데 최선의 방법입니다.

수행과 더불어 해야 할 중요한 것이 보시입니다. 탐진치 삼독심의 업장을 녹이고 바꿀 수 있으려면, 내 것이라고 고집하고 있는 생각을 비워서 업을 없애야 합니다. 의도적으로 자꾸 비워야 하는데, 이때 보시만큼 좋은 방법이 없습니다. 주는 마음 없이 주는 것이 필요합니다. 그래야 자신에게 보상 심리가 생기는 것을 방지하여 자신의 불행을 없애고 또한 다른 업을 쌓지 않게 됩니다. 무조건 줌으로서 자신의 마음을 비워 나가는 것, 그리하여 궁극적으로 업도 사라지고 상대적 생각도 없애게 됨으로써 윤회에서 벗어나 생사까지 해탈하게 됩니다.

특히 보시 중에서도 법보시가 좋습니다. 그리고 보시와 더

불어 나머지 다섯 가지 바라밀도 함께 행해야 합니다. 지계, 인욕, 정진, 선정, 지혜 역시 업장을 소멸하고 마음을 비우는 최적의 수행 지침이기 때문입니다. 그렇게 수행과 육바라밀 실천에 힘쓰다 보면 생사윤회, 도탄, 사바에서 벗어날 수가 있습니다.

'내 팔자가 어떻다'거나 '내 운명이 어떻다'고 비관하고 의기소침하지 마시고, 오늘부터는 수행하고 보시하는 삶을 실천하는 것으로 업장을 녹여서 인생의 항로를 바꾸시기 바랍니다.



진우 스님

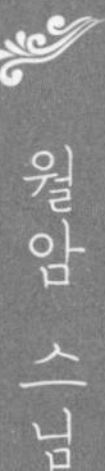

월암 스님

1973년 경주 중생사에서 도문 스님을 은사로 출가했다. 중국 베이징대학교 철학과를 졸업하고「돈오선 연구」로 박사학위를 받았다. 중국과 한국의 제방 선원에서 수선 안거하였으며 지리산 벽송사 벽송선원장을 역임했다. 문경 한산사를 창건하여 용성선원장을 역임하였으며 현재는 영천 은해사 기기암 선원장 소임을 보고 있다.
지은 책으로는『간화정로』,『돈오선, 사람이 부처다』,『친절한 간화선』, 『선원청규(주편)』 등이 있다.

# 우리는 마음을
# 먹고 삽니다

『팔만대장경』을 다 뭉뚱그려서 한마디로 하면 '마음 심(心)' 자 하나라고 이야기를 합니다. 어릴 때는 미래를 기대하며 미래지향적으로 살아가지요. 즉 젊은이들은 내일을 삽니다. 미래심(未來心)입니다. 나이가 좀 들면 이제는 자꾸 뒤를 돌이키면서 추억으로 살아가게 됩니다. 과거심(過去心)이지요. 그러면 현재심(現在心)은 어떻습니까? 현재심이라고 하는 순간, 찰나에 지나가 버리니까 현재심이라고 할 것도 없어요. 그래서 우리가 늘 말하기를 '현전일념(現前一念)' 혹은 '지금 여기'라는 말을 쓰는 겁니다. '지금 여기'에서 눈앞에 일어나는 마음이 바로 진리라는 거예요.



월암 스님

# 어느 마음에
# 점을 찍겠는가

덕산 선감이라는 스님께서 교학을 철저히 공부해서 불교 교리에 달통을 했습니다. 『금강경』에 해박한 지식을 가지고 있어 『금강경』 주석서까지 만든 분입니다. 그 당시에 저 남방에 용담 숭신이라고 하는 큰스님이 계셨어요. 이 스님을 뵈러 절에 올라가는 길에 배가 고프지 않겠어요. 그래서 점심을 먹으려고 호떡을 파는 할머니한테 "할머니, 호떡 하나 주세요." 했단 말입니다.

할머니가 쳐다보니 젊은 스님이 걸망을 메고 서 있길래 "호떡은 뭐하시게?" 한 거예요. "점심 먹으려고 합니다." 여기에 걸려든 거죠. 지금은 하루 세 끼를 똑같이 '먹는다'고 하는데, 그렇게 된 게 얼마 안 됩니다. 점심(點心)이란 말을 풀이하면 '마음에 점 찍는다'는 뜻이 돼요. 아침과 저녁 두 끼를 먹는데, 정오쯤 되면 배고픈 생각이 드니 이 마음에 점 찍듯이 배를 살짝 달래는 것을 '점심'이라고 했어요.

할머니가 젊은 스님을 향해서 물었습니다. "걸망에 들어 있는 게 뭐요?" "『금강경소초』가 들어 있습니다." "아, 그래요? 아이고, 훌륭하십니다. 『금강경』에 대해서는 도사겠네요." "암, 달통했지요. 뭐든지 물어보세요." "그럼 내가 『금강경』한 대목을 물어볼 테니 대답을 하면 호떡을 그냥 드리고, 모르면 굶으시오.

『금강경』에 말씀하시기를 과거심도 얻을 수 없고 현재심도 얻을 수 없고 미래심도 얻을 수 없다고 했는데, 당신이 점심 먹겠다고 하니 과거심에 점을 찍겠소, 현재심에 점을 찍겠소, 미래심에 점을 찍겠소?”

용담사에 가서 숭신 스님을 만나기도 전에, 호떡 파는 할머니한테 딱 멱살 잡힌 거죠. 덕산 선감 스님은 말 한마디도 못 하고 석장을 짚고 자리를 떴습니다. 점 찍을래야 찍을 수 없는 생각 이전의 마음자리가 부처의 자리입니다. 아직 현전일념의 도리에 사무치지 못했던 것입니다.


## 묵은지 보살의 수행


지금 우리가 쓰고 있는 마음은 무엇입니까? 이것은 작용하는 마음이에요. 작용 이전의 마음, 생각 이전, 분별 이전 본체의 마음을 본다고 한다면 그것이 변하지 않는 마음입니다. 변하지 않는 그 마음자리를 다이아몬드, 금강석과 같다고 표현하는 거예요. 지금 쓰고 있는 마음은 끊임없이 변해 가지만 그 마음의 본체는 불변심이라는 겁니다. 그런데 우리는 끊임없이 마음을 변화시키면서 바깥으로 상(像)을 취한다 이 말이에요. 눈으로 보고 상을 취하고, 귀로 듣고 상을 취하고, 향기로, 맛으로, 감촉으로, 그리고 생각으로 끊임없이 상을 취하고서 내가 만든 상을 붙잡고 오염되어 살고 있어요.

세상에는 부자가 있고 가난한 사람이 있지요. 부자이면서 부자인 척을 하면 부자 상(像)에 빠진 겁니다. 가난에는 두 가지가 있어요. 내가 게을러서 오는 가난이 있고, 내가 부자로 살 수도, 가난하게 살 수도 있지만 청빈을 선택하는 가난이 있어요. 그 가난은 수행자의 가난이지요. 게을러서 가난한 사람에게는 가난한 업상이 있어요. 가난하되 가난한 상을 떠나 있는 사람이 바로 수행자이고, 부자이면서 부자인 척하는 상을 갖지 않는 사람이 참된 부자입니다.

절에 오래 다닌 보살을 뭐라고 하는지 아십니까? '묵은지 보살'이라고 해요. 이런 사람은 상이 없어야 되는데 실은 있단 말이에요. 절에 처음 온 사람이 이 사람을 보고 어떻게 생각을 하겠어요? '절에 오래 댕겨도 소용없네. 법문 뭘로 들었는고?', '오래 다닌 사람이 저럴 바에야 내가 뭐 하러 다녀.' 이런 생각이 들 수 있다 이 말이에요. 우리가 수행하고 공부하고 절에 다니는 이유가 뭐예요? 우리는 중생인지라 상을 떠나서는 살 수 없어요. 상 가운데 살면서 끊임없이 생각으로 상을 만들지만, 오래 공부하고 오래 수행할수록 상을 덜어 내는 공부를 해야 돼요. 즉 상 가운데 있되 상을 떠나 있는 것입니다.

# 싸움이 벌어졌더라도,
# 바로 그 자리가 선방

우리는 마음을 먹고 삽니다. 밥만 먹고 산다거나 음식을 먹고 영양분을 얻어서 그것만으로 살아가는 게 아니라, 우리는 마음을 먹고 살아가고 있어요. 꼭 위급한 일을 당해서만 '마음 단단히 묵으라.' 하는 게 아니에요. 지금 이 찰나의 순간에 내가 어떤 마음을 갖느냐, 인간의 마음을 갖느냐, 지옥의 마음을 갖느냐에 따라서 삶이 달라진다는 겁니다. 현대의 삶은 관계의 삶이에요. 가정에서는 부모 자식 관계, 부부 관계, 사회에서는 이웃 관계, 회사에 나가서는 동료 관계, 수직 관계가 있어요. 관계를 좌우하는 게 뭐냐, 마음이지요.

그렇다면 관계 속에서 어떻게 마음먹느냐, 어떻게 내 마음을 항복받고 있느냐를 보자는 겁니다. 지금 이 마음 쓰고 있는 삶의 현장이, 바로 여기가 선방이요 지금 여기가 법당이라 이 말입니다. 그런데 우리는 어때요? 그 삶의 현장, 진리의 현장, 육바라밀을 잘 행할 수 있는 현장에서는 막 해 버리고, 이제 여기 절에 와서야 기도한다고 관세음보살을 찾고 있다 이 말입니다. 여러분의 법당은 여기가 아니에요. 여러분이 관계 속에서 끊임없이 불꽃이 튀는 그 자리가 법당입니다. 현전일념이 일어나고 경계에 부딪치는 그 곳이 법당이요 선방입니다.



월암 스님

공부는 오직 일념으로 내가 있는 곳, 그 자리에서 하는 겁니다. 선방에 있으면 선방의 그 자리, 부엌에 있으면 부엌의 그 자리, 택시를 타고 있으면 택시 안의 그 자리, 누구하고 싸우고 있으면 싸움이 벌어진 그 자리를 떠나서 무슨 법당이 있고 선방이 있겠어요? 한 생각이 일어나되 일어난 바 없이 일으키라는 것입니다. 무념이요, 무심입니다. 그래서 육조 스님은 '생각하되 생각하지 않는 것이 무념이다.'라고 정의하고 있는 것이에요. 저 또한 항상 말합니다. 보아도 본 바가 없고, 들어도 들은 바가 없으며, 생각해도 생각한 바 없이 하는 무념행, 무주행을 실천하자고 말입니다.


## 허공은 화내거나
## 찡그리지 않는다

옹달샘이 시냇물이 되고 강이 되고 바다가 되면 그때는 어떻습니까? '좋다, 싫다'가 없어요. 바다는 구정물이 들어온다고 "넌 들어오지 마, 냄새 난다."라고 말하지 않습니다. 무조건 바다에 들어오면 "이 놈도 좋다, 저 놈도 좋다, 김 서방도 좋다, 이 서방도 좋다, 도둑놈도 좋다, 사기꾼도 좋다." 이렇게 한단 말이에요. 바닷물이 가만있습니까? 출렁거리지요. 철썩철썩 파도가 치면서 계속 움직이잖아요. 온갖 '좋다, 싫다'를 다 끌어안고서 더러운 것, 좋은 것 모두 받아가지고 깨끗한 바닷물로 만들어 나간다 이 말입니다. 그래서 바다를 두고 부처님이 해인삼매(海印三昧)라 하지 않았습니까.

이렇게 기도를 해야 합니다. '나로 하여금 모든 소리의 종착역이 되게 하소서. 어떤 소리를 들었더라도 내가 마지막이 되게 하소서.' 이것은 절대자를 향해서 하는 말인가요? 자기 자신, 자기 부처님한테 하는 말입니다. 모든 부정적인 말의 종착역이 되게 하소서, 하고 자기 부처님한테 기도하라는 거예요. 옹달샘으로부터 시작해서 저 바다라는 종착역에 이르기까지 끊임없이 물이 흐르듯이, 새가 하늘을 날아가되 날아간 자취가 없듯이 생각도 자취를 남기지 말자, 하는 겁니다.

오늘 하루, 생각의 강물이 어디서부터 시작됐는지 모릅니다. 그 강물이 굽이치기도 하고 잠깐 잦아들기도 하고 세차게 흐르기도 잔잔히 흐르기도 하고 그렇지요. 그 흐름 속에서 잠시도 머물지 않고 갔는가, 멈칫멈칫 하면서 갔는가 하는 것은 자기 자신이 가장 잘 알 것입니다. 한 생각도 머물지 말고 거기에서 중생을 이롭게 하려는 생각을 내야 합니다. 생각 생각이 보리심이면 이르는 곳마다 안락국입니다. '한 생각을 내지 마라'가 아니라 '한 생각에도 머물지 마라'예요. 오늘 하루를 깡그리 한 생각에 머물렀다고 하면 그야말로 중생심이고, 한 생각에도 머물지 않고 흘렀다고 한다면 다이아몬드, 금강석의 마음인 것입니다. 그래서 『금강경』에서는 한 생각 한 생각에 머묾 없음을 무주(無住)라고 말하는 것입니다.

허공이 화내고 찡그리는 것을 보았습니까. 허공처럼 걸림 없이 바다처럼 분별없이 무심으로 살아갑시다.

법인 스님

광주 향림사에서 천운 스님을 은사로 출가했으며, 대흥사 수련원장을 맡아
2000년대 초반부터 템플스테이의 기반을 마련했다. 실상사 화엄학림 학장과
《불교신문》 주필을 맡아 했다. 대한불교조계종 교육부장을 역임하였고
현재 대흥사 일지암에 머무르고 있다.

# 산에게 오라 하지 말고
# 내가 산으로 들어가라

오늘 이야기 할 주제는 '불교의 윤리는 무엇인가'입니다. 잠시 1980년 이야기를 해 보겠습니다. 그해 5월, 저는 전라남도 광주에 있었습니다. 1980년 한국사에 어떤 일이 일어났는지 기억하실 것입니다. 저는 스승을 따라서 광주도청 희생자들 앞에서 염불을 했습니다. 희생자 유족들은 울면서 실신했습니다. 저는 그 나이에 이런 생각을 했습니다. 나는 왜 염불을 하고 있지? 죽음을 망각하라고 염불하는가 아니면 참혹하게 이들을 학살한 사람들을 용서하라고 기도하는가? 모든 것은 마음에 달려 있기 때문에 마음을 다스려 극락세계로 가라고 기도하는 건가? 수행자는, 종교인은 무엇을 해야 하지? 참으로 무력했습니다. 당시 열아홉 살인 저에게 그 경험은 종교인으로서 제 자신을 돌아보게 하는 계기가 되었습니다.



법인 스님

## 종교인은
## 정직해야 한다

수나라가 고구려를 침범할 때 왕은 수양제 양광이었습니다. 그는 보살계까지 받은 아주 독실한 불교 신자로 기록되어 있습니다. 보살계가 뭡니까. 살생하지 마라, 도둑질 하지 마라, 사음하지 마라 아닌가요? 그런데 살생의 확대판이 바로 전쟁이잖아요. 그렇다면 수양제 양광을 우리는 어떻게 보아야 할까요. 당시 수나라 사람은 "우리는 수나라 사람이니까 최고야. 고구려를 침범했으니까 최고야." 이렇게 봤을까요? 그렇다면 고구려 사람들은 "수양제는 불교 신자야, 보살계를 받았어. 훌륭한 사람이야. 용서가 돼." 이렇게 말했을까요?

종교라는 것은 인간이 인간답게 산다는 말과 동일합니다. 종교라고 하면서 시민들의 구원자가 되거나 아주 특별한 무언가가 되어서는 안 됩니다. 그건 절대 종교가 될 수 없어요. 종교는 가장 보편적이면서도 가장 특별한 것을 다뤄야 되는 것이지 보편을 떠난, 인간을 떠난 특별한 종교란 없다고 봅니다.

제가 오전에 태화산 전통불교문화원에서 행자님들에게 강의를 했습니다. 첫 번째 주제는 '세상을 품고 수행하자'였습니다. 세속을 떠나 버리자는 게 아닙니다. 그리고 또 한 가지 주제는 '인간이 가져야 될 보편적인 마음을 가지고 살자'였습니다.

'보편적인 마음'은 다른 말로 정직함이라고 할 수 있을 것 같습니다. 정직함이 무엇입니까. 남을 속이지 않고 자신을 속이지 않는 겁니다. 남을 속이면 그 피해가 누구에게 가나요. 속은 사람에게로 갑니다. 그 사람이 불행하고 힘들어집니다. 그래서 정직함은 굉장히 중요합니다. 남을 속여서는 안 되는 겁니다. 그런데 불교는 거기에 옷을 하나 더 입혀야 됩니다. 자신을 속이지 말고 정직하게 인정하라. 자신을 인정하면 성찰하는 마음을 가질 수 있습니다. 성찰하는 마음이 곧 종교성입니다. 그래서 정직함은 종교인의 가장 큰 덕목입니다.

## 시줏돈
## 무서운 줄 알아라

출가한 행자님들께 물었습니다. '우리가 옷을 입고 책을 사 보는 돈이 다 어디서 나오는지 알고 있나요?' 그게 다 신도들 시줏돈에서 나오는 겁니다. 그 돈은 어떻게 나옵니까. 행자님들은 불과 3개월 전까지 세상 속에서 살았기 때문에 돈 버는 게 얼마나 힘든지 경험으로 알고 있을 겁니다. 돈을 벌기 위해 야근을 해야 하고 성과를 내야 합니다. 성과를 내기 위해서는 빨라야 하고 거짓말도 해야 합니다. 치사하게 살면서 온갖 모욕도 다 당해야만 하는 게 세상살이입니다. 그런 돈이 우리에게 와 있지 않습니까. 그래서 '내 밥이 어디서 왔는지'라고 하지 말고 '내가 쓰는 돈이 어디서 왔는고'라고 염불을 하라고 했습니다. 이 돈이 어디에서 어떻게 왔는지를 알면 함부로 소비할 수 없다는 생각입니다. 내가 수행자로서 세상에 밥값을 해야 된다는 생각, 이게 직업윤리입니다. 수행자가 가져야 할 마음가짐과 처신이라고 봐야 할 겁니다. 저는 이 모든 것을 정법이라고 정의 내리고 진리의 실천이라고 이름을 붙이고 싶습니다.

우리는 불교를 공부하면서 무엇이 옳고 그른가를 바로 보고 분명하게 선택해야 합니다. 석가모니 부처님을 봅시다. 보통은 '부귀영화를 누리다가 철학적 사유를 통해 각성한 천재. 가출한 뒤 6년 동안 극심한 고행 끝에 35세에 깨달음을 얻고 45년 동안 고고한 진리를 설파한 사람'이라고 생각할 겁니다. 하지만 부처님의 또 다른 측면을 봅시다. 고타마 싯다르타는 옳고 그른 것, 행복하고 불행한 것, 아름답고 추한 것, 어떤 것이 선이고 악인가에 대한 근본적인 고민을 29년 동안 하고 살았어요. 그래서 부처님은 계급제를 부정하고 전쟁을 말리셨습니다. 모든 생명은 행복해질 권리가 있고 사랑받기를 원하고 존중받고 싶어 합니다. 그런데 계급이 있으면 생명들 사이에 억압하고 억압받는 관계가 생길 수밖에 없습니다.

인류 역사가 얼마나 됐습니까? 노예해방이 언제 됐나요?

여성에게 투표권이 주어진 게 얼마나 됐죠? 모두 얼마 안 됐습니다. 계급 차별, 성차별이 있으면 사람의 복과 권리를 박탈당하게 됩니다. 불교가 지향하는 것은 해탈, 열반입니다. 그럼 해탈, 열반, 자유, 평화, 지복은 종교적 선언으로만 끝나야 할까요? 아니면 지금 이 자리에서 구현돼야 할 것들인가요? 연못에 돌을 던져 넣고 "돌아 떠올라라!"라고 하면 돌이 떠오릅니까? "산아 이리로 와라!" 그러면 산이 오나요? 마호메트가 말했듯이 산이 오게 하려면 내가 산으로 가야 합니다. 그게 최고의 기적이고 신비입니다. 도는 물 긷고 나무하고 잠자고 이렇게 평범함 속에서 정직하게 사는 것이라고 말을 합니다. 이렇게 살면 생의 기적이고 최고의 신비이며, 이걸 신통력이라고 하는 거지요.


## 불자들은 왜 옮고 그름을 고민하지 않는가?


저는 이런 생각을 한 적이 있습니다. 왜 불교인들은 옳고 그름이나 정의에 대해 깊이 생각하지 않을까? 진선미에 대해 깊이 생각하지 않을까? 곰곰이 생각해 보니 불교 교리를 잘못 해석하고 있었고 저 또한 그런 오류를 범하고 있었습니다. 예를 들어 보겠습니다. 선종에선 모든 법은 공(空)하니까 아름다움도 본래 없고



법인 스님

추함도 본래 없고 악도 본래 없다고 말합니다. 선도 공하고 악도 공하고 더러운 것도 아니고 깨끗한 것도 아니다, 이렇게 하면 교리 해석을 잘못한 겁니다.

우리는 쓰레기장을 싫어하고 꽃밭은 좋아합니다. 그런데 쓰레기장은 원래 있었던 것입니까, 만들어진 겁니까? 쓰레기를 던지면 쓰레기장이 되고 꽃을 심으면 꽃밭이 됩니다. 이것이 연기입니다. 모든 존재는 만들어진 겁니다.

여러분이 웃으면 웃는 사람, 불친절하면 불친절한 사람, 제가 꽃을 들고 있으면 꽃을 든 스님이 되겠죠. 선과 악이 본래 없다는 교리를 잘못 받아들여서 현실적으로 만들어진 선과 악은 판단하지 않게 됩니다. 하지만 선과 악까지 우리가 사는 현실 속에 있지 않습니까? 사회에 아주 착한 사람, 살인자, 정직한 사람이 있다는 것은 인정해야 해요. 그런데 이것이 태생적인 것일까요? 아닙니다. 조건에 따라 만들어진 겁니다. 이 사회에 선과 악, 정의와 불의, 차별이 있는 걸 인정하는 동시에 인간의 탐욕과 무지 같은 것도 생겨남을 인정해야 합니다.

부처님 가르침에도 선과 악을 분명하게 판별하고 선한 것을 가까이하라고 나와 있습니다. 악을 소멸시키라고 말씀하셨죠. 이런 걸 잘못 해석해 인간을 불신하면 안 됩니다. 악한 사람이 본래부터 있었던 것이 아니니 미움 갖지 말고 자비심으로 악을 소멸시키고 정의로운 세상을 만들어 가라는 뜻입니다. 모든

게 본래 있지 않으니 내게 있는 단점 같은 것도 소멸시킬 수 있어야 합니다. 그래서 수행 정진해 노력하자는 뜻으로 '공'을 해석하세요.

내가 바뀌면 세상이 바뀐다는 말을 이해한다면 세상이 바뀌어야 내가 바뀐다는 말도 알아야 합니다. 악법이 있고 그게 안 바뀌는데 내가 바뀔 수 있나요? 요즘 대학생들은 등록금 문제로 힘들고 취업도 어려운데, 이런 현실 속에서 내 마음 하나 청정하면 한 세상이 바뀔까요? 현실적 고통은 자기 마음보다는 사회 구조적 환경에서 더 많이 오게 돼 있습니다. 부처님이 참으라고 했으니 그냥 참자고 마음먹고, 내 마음만 깨끗하면 이 세상이 다 깨끗해질 수 있다고 왜곡시키지 마세요. 노력을 통해 환경을 변화시킬 수 있어야 합니다.

마음이 모든 것을 변화시킨다는 함정에 빠지지 마십시오. 윤리적으로 사는 것은 자비와 선행이 가장 중요하지만, 그에 앞서 지혜가 있어야 합니다. 지혜가 없으면 공동체를 이루고 사는 데 많은 문제가 발생합니다. 지혜의 통찰력 없이 윤리적 삶을 살아갈 수는 없는 것이죠. 노숙자에게 밥을 주는 것이 선행과 자비라면, 노숙자가 생기지 않게 하는 것은 지혜입니다. 사회 속에서 우리를 행복하게 하는 요소, 불행하게 하는 요소, 인과관계가 무엇인지 통찰하는 안목이 필요합니다. 그 바탕 안에서 자비와 선행을 해야 합니다.



법인 스님

각묵 스님

1978년 화엄사에서 도광 스님을 은사로 출가하여, 1982년 자운 스님을 계사로 비구계를 받았다. 이후 제방 선원에서 7년간 정진한 뒤, 인도로 유학하여 10여 년간 산스크리트어와 빨리어를 배우면서 베다 문헌과 초기불전을 공부하였다. 인도 푸나대학교에서 산스크리트어과 석·박사 과정을 마쳤으며, 『금강경 역해』, 『아비담마 길라잡이』, 『네 가지 마음 챙기는 공부』, 『디가 니까야』, 『쌍윳따 니까야』 등을 번역하였다. 2012년에 대원상 출가부문 포교대상을 수상했다. 현재 실상사에 주석하며 초기불전연구원 지도법사 소임을 맡고 있다.

# 부처님 당시에도 그렇고
# 오늘에도 그런 것

초기불교에서 부처님이 하신 말씀의 기본 주제는 행복입니다.
그래서 오늘은 행복을 가지고 이야기해 보겠습니다. 행복에는
금생의 행복과 내생의 행복, 그리고 궁극적인 행복이 있습니다.
이 가운데 금생에 행복해지려면 어떻게 해야 하는가는 세 가지
로 말씀드릴 수 있습니다. 첫 번째는 기술을 익히라는 것이고,
두 번째는 베풀라는 것이고, 세 번째는 도덕적인 삶을 살라는 것
입니다. '정말 부처님께서 그렇게 말씀하셨나?' 의문이 들 수도
있는 대목입니다. 정확하게 그렇게 말씀하셨습니다.



각묵 스님

# 지금, 행복에 이르는
# 세 가지 주문

부처님은 기술을 뜻하는 시빠(sippa)와 학문을 뜻하는 니짜(nijja)
라는 단어를 사용하셨습니다. 학문과 기술을 배우고 익혀야 된
다는 말씀입니다. 우리 어릴 적 '국민교육헌장'에 나오는 이야기
하고 똑같습니다. 초기불교의 가장 큰 특징은 무엇입니까? 합리
성입니다. 이성적이고 합리적인 가르침이 있기 때문에 현대 교
육의 이념과 똑같은 말씀이 될 수 있는 것입니다. 요즘 들어서는
여기에 두 글자를 더 집어넣지요. 바로 '전문'입니다. 자기가 소
질 있는 분야의 전문적인 기술이나 전문적인 지식을 배워 가지
고 그걸 통해서 이 사회에 기여하고, 그 대가로 월급을 받든지
이윤을 창출하든지 해서 금생에 행복하게 살아가라는 것입니다.
이것을 부처님께서 강조하고 계십니다.

　　그러면 전문적인 기술이나 학문만을 가지면 그 사람이 행복
하게 되느냐? 부처님은 그렇지 않다고 하셨습니다. 현대에서도
그 예를 들어 볼 수가 있습니다. 컴퓨터가 발달하고 인터넷이 발
달하니 스팸 메일, 바이러스 등을 유포시키는 사람들이 나와 세
계 질서에 큰 혼란을 줍니다. 이 사람들은 컴퓨터 천재들이지만
인성이 계발되지 않았습니다.

　　그래서 부처님께서는 봉사를 말씀하고 계십니다. '어? 초

기경에 어디를 봐도 봉사라는 단어는 안 나오던데?'라는 생각이 드시죠? 제가 봉사라고 옮긴 말은 초기경에서 다나(dana)라고 씌여 있는데 중국에서는 이를 보시라고 옮겼습니다. 보시가 뭡니까? 요샛말로 하면 이게 봉사입니다.

보시는 보통 '베푼다'라고 표현을 하는데 저는 이 말이 썩 좋은 느낌이 들지 않습니다. 왠지 위에서 아래로 간다는 느낌이 잖아요? 내가 뭔가를 많이 갖고 있어서 나보다 못한 사람한테 준다는 느낌이 들기 때문에 저는 베푼다는 말보다는 '봉사하는 삶'이라는 단어를 쓰고 싶습니다. 봉사하는 삶을 살아야 그 사람이 행복해진다는 겁니다. 그래서 부처님께서는 봉사, 혹은 보시를 많이 말씀하셨습니다. 초기경 도처에 나오는 단어가 바로 이 겁니다. 내 이웃을 위해서 봉사하는 사람이 진정 행복한 사람이라는 겁니다. 『쌍윳따 니까야』에 보면 제자가 아파서 누워 있는데 부처님이 직접 가서 수발을 들고 간병을 하시지 않습니까? 삼계의 대도사이신 부처님께서도 봉사를 하시는 겁니다. 직접 솔선수범하셨습니다. 부처님께서 더 이상 복 지을 일이 뭐가 있습니까? 단지 우리 삶의 행복은 봉사에서 온다는 사실을 보여주신 것입니다.

그다음으로는 도덕적인 삶을 말할 수 있습니다. 저는 작년까지는 건전한 삶이라고 주로 이야기했는데, 이 말로는 좀 부족한 것 같습니다. 도덕이라는 말이 들어가야 될 것 같아요. '도덕'



각묵 스님

하면 좀 거부반응이 옵니다만, 부처님께서는 도덕적인 삶을 강조하셨습니다. 이것을 지계(持戒)라고 하지요. 원어로는 실라(sila)라고 합니다. 우리가 도덕을 무시해 버리고 건전한 삶을 무시해 버리면 그 순간에는 쾌락을 얻고 이익을 볼지 모르지만, 한 사람의 전체 인생을 놓고 보았을 때에는 행복하지 못하다는 겁니다. 남에게 베풀지 못하고 봉사하지 못하는 사람은 당장은 많이 가져서 이익을 볼지 모르지만 서로서로 얽혀서 살아가는 이상, 그런 사람의 삶은 불행해질 수밖에 없습니다. 그래서 도덕적으로 충만한 사람의 삶이 행복하다는 것입니다.


## 삶과 죽음은
## 고리마다 이어져 있거늘

다음으로 '내생에 행복하게 살려면 어떻게 해야 하는가'입니다. 보통 철학적으로 깊이 들어가는 분들은 부처님이 내생을 이야기 하지 않았다고 하는데 저는 이것이 불교를 호도하는 이야기라고 봅니다. 초기경에는 내생에 관한 언급이 수없이 나옵니다. 다만 아라한에게는 내생이 없어요. 힌두교, 기독교, 이슬람교 등 모든 종교가 내생을 이야기하고 있고, 불교도 하나의 종교체계로서 존재합니다. 저는 초기경을 읽으면서 내생은 반드시 있다고 확신합니다. 그렇기 때문에 이번 생에 내생의 행복도 준비해야 된다는 이야기를 합니다.

내생이 존재하는 근본 이유는 '업'입니다. 각각의 중생들이 지은 의도적 행위가 원인이 되어서 그 과보로 내생에 태어나게 됩니다. 이러한 윤회의 고리를 끊으려면 부처님의 말씀을 믿고 따르고 실천하는 수밖에 없습니다. 내생에 행복해지려면 두 가지 길이 있습니다. 바로 앞에서 말한 '봉사하는 삶', '도덕적인 삶'입니다. 사회와 내 이웃을 위해서 봉사하는 삶이 얼마나 행복한지 우린 너무나 잘 압니다. 출가한 저도 그렇습니다. 남을 위해서 조금이라도 좋은 일을 했다 싶으면 그 얼마나 행복합니까? 경험으로 다 알 수 있는 것입니다. 나아가서 계를 지키고 도덕적인 삶을 산 사람이 천상에 태어나는 것은 당연한 이야기입니다.

이 행복은 금생으로 끝나는 것이 아니라, 그것이 하나의 원인이 되고 업이 되어서 그 업의 과보로 내생에 행복을 가져오게 되는 것입니다. 구체적으로 윤회의 과정에서 보자면 천상과 인간이라는 선처에서 태어나고, 그 이후에 괴로운 일보다 행복한 일이 더 많은 것도 이 때문입니다. 생각해 보면 참으로 합리적이고 상식적인 이야기이지요. 저는 초기불교를 공부하는 사람이다 보니 부처님 가르침을 '명령'으로 받아들입니다. 부처님께서는 우리에게 봉사하라고 명령하신 겁니다.

육바라밀의 첫째가 보시이고, 둘째가 지계인 것에서도 알 수 있듯이 불교 2,600년사에서 모든 불교가 이구동성으로 봉사하는 삶, 도덕적인 삶을 말하고 있습니다. 부처님 당시도 그렇고, 부처님의 제자와 그 제자로 오랜 세월 이어져 온 불교에서도 그렇습니다.


## 행복에 이르는 길, '해체'해서 바라보기


그런데 여기까지만 알고 끝나 버리면 불교를 만나 진정한 행복을 모르고 가는 거라고 감히 말씀드리고 싶습니다. 불교가 아니라도 다른 종교에서도 같은 이야기를 하고 있습니다. 그건 당연해요. 물론 보시와 지계는 중요합니다. 그러나 부처님께서는 금생의 행복, 내생의 행복만 가지고는 안 된다고 말씀하고 계십니다. 우리 불자들이 추구해야 할 행복 가운데 세 번째는 바로 궁극적 행복입니다. 원어로는 빠라마 수카(parama-sukha)입니다. 어떤 분들은 왜 자꾸 어려운 용어를 쓰느냐고도 하십니다. 뭐라 드릴 말씀은 없습니다만, 이 모두가 제가 지어낸 이야기가 아니라 초기경에서 부처님께서 직접 설하신 말씀이라는 것을 보여 드리기 위해서입니다.

궁극적 행복은 다른 말로는 열반입니다. 그렇다면 어떻게 해서 열반을 실현할 것인가, 이게 중요합니다. 불교에서는 깨달음, 깨달음 하는데 어떻게 해서 깨달음을 얻는가, 이런 문제입니다. 부처님께서는 여기에 대해서 어떻게 말씀을 하셨을까요. 초기불교의 방대한 경전을 번역하고 정리해 보니 그 답은 네 가지였습니다.

우선 사성제의 통찰입니다. 사성제(四聖諦)는 무엇인가요? 부처님께서는 "나는 알아야 할 것을 알았고 닦아야 할 것을 닦았고 버려야 할 것을 버렸다. 바라문이여, 그래서 나는 붓다, 즉 깨달은 사람이다."라고 하셨습니다. 이것이 사성제에 대한 말씀입니다.

다음으로는 팔정도(八正道)를 깨닫는 것을 통해서입니다. 불교를 말할 때 가장 많이 이야기하는 중도가 무엇인가 하면 바로 팔정도입니다. 너무나 중요한 이야기입니다. 팔정도의 여덟 가지 덕목을 우리가 깊이 새기고, 사유하고, 음미하고, 실현하고, 완성해 낼 때 그 사람이 진정한 부처님 제자라고 저는 그렇게 받아들입니다. 그리고 오온과 십이처와 십팔계, 다시 말해 존재 일반의 무상(無常), 고(苦), 무아(無我)를 통찰함을 통해서라고 하셨습니다. 마지막으로 연기(緣起)의 순관·역관을 통해서라고 하셨습니다.

이 네 가지 방법들은 하나의 진리를 설명하는 다른 길입니다. 서로가 서로를 맞물고 있는 구조입니다. 초기불교의 핵심은



각묵 스님

이렇게 모든 요소를 '해체해서 보기'입니다. 이것이 부처님이 궁극적인 행복에 이르신 방법입니다. 금생과 내생의 행복, 그리고 궁극적인 행복에 이르는 길에 대해 깊이 사유해 보시기 바랍니다. 우리 불자님들께서 늘 행복하고 건강하길 기원하겠습니다.

도문 스님

1980년 사미계를 수지하고 1997년 통도사에서 청하 스님을 계사로 구족계를
수지했다. '수행자로서의 위의를 지킬 자신이 없었기'에 수계를 미뤘다고 한다.
1983년 통도사 승가대학을 졸업한 스님은 대한불교조계종 제13·14대
중앙종회의원을 역임했다. 조계사 부주지와 총무원 재무부장을 역임한 후
2012년 5월부터 조계사 주지 소임을 맡고 있다.

# 탐진치 허물에 어두워진 마음,
# 불교 수행으로 닦아야

오늘 배울 부처님의 법문은 우리가 불교 공부를 하는 이유에 대한 것입니다. 부처님께서는 우리가 불교 공부를 해야 하는 이유에 대해 명확하게 말씀하셨습니다.

부처님이 코삼비우 코시타 동산에 계시던 어느 날의 일이었습니다. 하루는 부처님을 시봉하는 아난다에게 한 외도가 찾아와 이런 질문을 했습니다.

"당신들은 도대체 무엇 때문에 부모와 가족을 버리고 집을 나와 머리를 깎고 이렇게 생활합니까?" 불교 수행의 이유와 목적을 묻는 질문이지요. 아난다는 이렇게 대답합니다.

"탐욕과 성냄과 어리석음을 끊기 위함입니다."

# 탐진치 삼독을
# 끊어야 하는 이유

불교 수행의 이유와 목적이 탐욕과 성냄, 어리석음을 끊어내기 위함에 있다는 명쾌한 답입니다. 탐내고 성내고 어리석은 마음을 통칭하여 삼독(三毒)이라 합니다. 탐(貪)·진(嗔)·치(癡), 다들 들어보셨지요? 열반에 이르는 데 장애가 되는 가장 근본적인 세 가지 번뇌로, 세 가지 독과 같다고 하여 삼독이라고 일컬어집니다.

이에 외도가 또다시 묻습니다.

"탐욕과 성냄, 어리석음에 무슨 허물이 있기에 이를 끊어내야 한다고 말씀하시는지요."

아난다가 다시 대답합니다.

"탐욕에 집착하면 마음이 캄캄해져서 자기와 남을 해치게 됩니다. 마음이 캄캄해져서 자기와 남을 해치게 되면, 현세에 살면서 죄를 받을 뿐 아니라 죽어서 또한 죄를 받기 때문에 그렇습니다. 분노와 어리석음에 집착해도 이와 같습니다. 삼독에 집착하는 순간 사람들의 마음은 캄캄하게 어두워집니다. 마음이 어두워진 사람들은 마치 눈뜬장님과 같습니다."

아난다는 외도에게 이어서 설명하지요.

"탐욕과 분노, 어리석음에 집착하게 되면 지혜가 없어지고 판단력이 흐려집니다. 이것은 옳은 것이 아니지요. 밝은 것도 아닙니다. 하물며 열반에 이르는 길에 오직 방해만 될 뿐입니다. 그래서 부처님은 삼독심을 끊어야 한다고 늘 말씀하십니다."

머리를 깎고 집을 나와서 부처님 밑에서 수행하는 이유는 바로 탐·진·치 삼독을 끊기 위함이요, 삼독을 끊어내야 하는 이유는 우리의 지혜를 막고 판단력을 흐리기 때문이라는 것입니다. 바로 그렇습니다. 우리가 눈뜬장님과 같이 캄캄한 마음으로 살지 않기 위해서는 불교를 공부하고 수행을 해야 하는 것이지요.

최근 끔찍한 뉴스를 접했습니다. 한 자식이 어머니를 죽여 강릉의 야산에 묻었다는 소식입니다. 본인을 낳아 주고 길러 준 부모를 죽이다니 있어선 안 될 사건이 발생한 것이지요. 수사 결과 범인은 차남으로 밝혀졌고, 그는 자신의 아내와 공모해서 이런 짓을 저질렀다고 합니다. 이 같은 사실이 드러나자 아내는 억울하다고 호소하며 자살을 선택해 버렸지요. 워낙 세간을 떠들썩하게 만든 뉴스여서 여러분도 다들 알고 계실 듯합니다. 저는 이 뉴스를 접하고 착잡한 마음을 금할 수가 없었습니다.

통계를 보면 2005년부터 매월 한 건씩 자식이 부모를 죽이는 사건이 발생한다고 합니다. 왜 그럴까요. 물론 여러 가지 이유가 있을 수 있습니다. 돈 때문일 수도 있고, 감정적인 요인일 수도 있고, 환경이나 상황에서 비롯된 다툼과 분쟁, 폭력 때문일 수도 있습니다. 우발적인 사고일지도 모르지요.

　　그러나 보다 더 근본적으로 살펴보면 탐욕과 성냄, 어리석음 때문이 아닐까요. 부모의 돈을 탐내는 욕망, 그리고 어리석음에 마음이 캄캄해지는 순간 올바른 판단력을 잃어버리고 해서는 안 될 행동을 하게 되는 것이지요. 마치 눈앞에 무엇이 있는지 판단하지 못하는 눈뜬장님과 같이 말이지요. 옳고 그름을 판단하지 못해 지은 죄는 죽은 후에도 사라지지 않고 다음 생에까지 과보로 이어집니다.


## 과연 만족에
## 끝이 있을까


우리가 집을 나와 머리를 깎고 수행을 하는 이유는 바로 이 때문입니다. 탐욕과 성냄과 어리석음을 끊어내고 내 마음이 캄캄해지지 않도록 하기 위함입니다. 삼독으로 인해 마음이 캄캄해져서 나와 남을 해치지 않도록, 그리하여 허물을 막고 악업의 원인을 없애기 위한 것입니다. 탐·진·치 삼독을 끊어야 합니다. 삼독을 끊으면 나도 이롭고 남도 이롭다는 가르침입니다.

　　외도는 거듭 질문을 합니다.

　　“삼독을 끊으면 어떤 이익과 공덕이 있습니까?” 삼독의 허물은 마음이 캄캄해져서 나와 남을 해치는 데 있습니다. 그렇다면 삼독을 끊으면 어떻게 될까요.

아난다가 말합니다.

"삼독을 끊으면 자신을 해치지 않고 남도 해치지 않으며 현재에 살면서도 죄를 짓지 않고 죄를 짓지 않았으니 죽어서도 죄의 과보를 받지 않습니다. 자연히 마음은 언제나 즐겁고 기쁘며, 번뇌를 떼어 버리고 현세에 깨달음을 얻게 됩니다."

바로 삼독을 끊게 되면 현세에 죄를 짓지 않고 죽은 뒤에도 지옥에 떨어지지 않는다는 것이지요. 아난다의 자상한 설명을 듣고 그 외도는 기쁜 마음으로 자리를 떠났다고 합니다.

사람들이 왜 불행할까요. 만족하지 않기 때문입니다. 만족하는 마음은 항상 기쁘고 즐겁습니다. 항상 기쁘고 즐거운 마음은 우리가 고통을 벗어나 행복해지는 지름길이지요. 그러나 우리는 살아감에 있어 쉽게 만족을 할 줄 모릅니다. 더 넓은 집에서 살고 싶고 더 좋은 차를 타고 싶고 자식도 더 잘됐으면 좋겠고, 남들에게 더 인정받고 싶지요.

욕심이 많아질수록 괴로움도 더 커지는 법이라고 부처님은 말씀하셨습니다. 결국 탐욕과 분노, 어리석음은 우리에게 번뇌만을 안겨줄 뿐입니다.

반대로 탐·진·치 삼독이 끊어지면 마음이 밝아지고, 마음이 밝아지면 우리는 늘 기쁘고 즐거워집니다. 삼독이 끊어지고 번뇌가 사라진 자리에는 나와 남의 행복이 깃듭니다. 삼독이 끊어지면 우리는 행복해지고 죽은 뒤에도 악업으로 인한 과보를 받지 않으며 현생에서 깨달음을 얻거나 깨달음에 가까이 갈 수 있습니다. 삼독을 끊어내는 것은 이렇듯 현생에서, 또 후생에서 큰 변화로 이어집니다.


## 여덟 가지
## 바른 가르침


그렇다면 우리가 어떻게 삼독을 끊어낼 수 있을까요? 어떤 방법으로 삼독을 다스릴 수 있을까요?

부처님께서는 일찍이 우리에게 그 방법마저 일러 주셨습니다. 부처님이 가르쳐 주신 성스러운 여덟 가지 바른 수행을 실천하면 됩니다. 바로 팔정도(八正道)입니다.

팔정도란 깨달음의 경지인 열반의 세계로 나아가기 위해서 실천하고 수행해야 하는 여덟 가지 바른길 또는 수행법을 말합니다. 정견(正見)·정사유(正思惟)·정어(正語)·정업(正業)·정명(正命)·정념(正念)·정정진(正精進)·정정(正定)이 그것이지요. 바른 견해와 바른 생각, 바른 말과 바른 행동, 바른 생활과 바른 정진 등 여덟 가지 바른 수행법을 실천하면 우리는 삼독을 끊어낼 수 있습니다.

반대로 우리가 삿된 생각을 하고 거짓말 혹은 타인에게 상처 주는 말을 하며, 함부로 행동하고 부도덕한 생활을 한다면 우리는 삼독의 굴레를 벗어날 수 없습니다. 삼독을 끊기 위해서는 팔정도를 닦아야 합니다.

우리가 불교 공부를 하는 이유는 바로 삼독을 끊어 내기 위함에 있음을 결코 잊어서는 안 될 것입니다. 왜 삼독을 끊어 내야 하나요? 삼독에 집착하면 마음이 캄캄하게 어두워져 옳고 그름을 판단할 수가 없으며, 이로 인해 나도 해치고 남도 해치기 때문이지요. 그리하여 살아 있을 때는 죄를 짓고 죽은 후에는 지옥에 떨어져 과보를 받게 됩니다.

삼독을 끊어 낸다면 어떻게 될까요. 현생에 죄를 짓지 않고 죽어서도 지옥에 떨어지지 않으며 항상 마음이 기쁘고 즐겁습니다. 번뇌에서 벗어나 행복해지며, 또한 깨달음을 얻을 수 있습니다. 이 팔정도로서 삼독을 끊어 내야 하는 것입니다. 불자님들은 항상 이를 마음에 새기고 부처님께서 삼독을 끊어 낼 수 있도록 알려 주신 여덟 가지 바른 수행법을 항상 실천해야 하겠습니다.



도
문
스
님

대봉 스님

1950년 미국에서 태어났다. 심리학을 전공하고 5년간 병원에서 카운슬러로
근무했다. 1977년 숭산 스님을 처음 만난 후 미국 프로비던스 선센터에서
수행을 시작했다. 1992년 숭산 스님으로부터 인가를 받고 1999년 숭산 스님의
법을 전해 받았으며 숭산 스님을 도와 충남 계룡산에 무상사를 창건했다.
프랑스, 파리, 미국의 버클리와 캠브리지 선원에서 지도법사를 지냈으며
미국과 유럽, 아시아 지역에 선수행을 전하는 데 진력하고 있다. 현재 무상사
조실로 주석하고 있다.

# 중생의 수 무한하기에 수행의 길도 무한하다

여러분 다들 극장에서 영화 보신 적 있으시죠. 극장에서 스크린을 보면 움직이는 이미지가 계속 이어집니다. 그런데 필름을 영사기에서 빼서 보면 각각의 프레임들은 고정되고 고립돼 있습니다. 움직임도 전혀 없습니다. 영사기에서 나오는 빛이 맑으면 화면도 맑게 보이지만 영사기의 빛이 흐려지면 화면도 흐려집니다.

우리의 인생도 이와 같습니다. 『금강경』에서는 "과거의 마음도 얻을 수 없고 현재의 마음도 얻을 수 없으며 미래의 마음도 얻을 수 없다"고 설해져 있습니다. 우리의 본성에는 과거, 현재, 미래가 없기 때문입니다. 그것은 우리의 사고가 만들어 낸 생각입니다.

## 참자아를 찾는 여정

우리가 가진 오직 한 가지가 있다면 그것은 바로 이 순간입니다. 우리가 가진 이 순간은 영화 필름의 움직이지 않는 프레임과 같습니다. 지금 이 순간이 분명하다면 우리의 인생도 분명합니다. 지금 이 순간이 흐릿하다면 우리의 인생도 흐릿합니다. 지금 바로 이 순간이 명확하다면 모든 것을 명백하게 볼 수 있습니다. 원인과 결과도 분명하고, 인생의 방향도 분명하게 보입니다. 바로 이 순간을 얻는다면 우리의 참자아를 얻는 것입니다. 진리를 깨달을 수 있습니다. 그 말은 곧 우리가 명확히 보고, 듣고, 맛보고, 냄새 맡고, 느낄 수 있다는 말입니다. 하늘은 파랗고 땅은 흙색입니다. 바람이 불고 그것을 느낄 수 있습니다. 그것이 바로 진리입니다.

진리는 어떤 이해, 사고, 의견, 말에 구애받지 않습니다. 그렇다면 인간의 삶이 갖는 올바른 진리란 무엇일까요. 선불교에서는 '한순간'에 얻는다고 했습니다. 지금 이 순간을 얻는다면 진리도 얻고 우리의 올바른 길도 얻기에 그저 하기만 하면 된다고 했습니다. 지금 나무들이 새잎을 피우기 시작했습니다. 그것이 바로 이 순간 나무의 올바른 길입니다.

중국에서 태어난 선불교가 한국에 처음 전해졌을 당시 중국 불교는 교학이나 선업을 쌓기 위한 형식에 치우쳐 있었습니다.

물론 이런 불교가 틀린 것은 아니지만 불교의 보다 본질적인 길은 우리의 본성, 우리의 올바른 기능을 찾아가는 길입니다. 선불교는 이것들을 이룰 수 있는 길에 관해 가르쳐 줬습니다. 당, 송 시대를 거치며 선불교의 가르침이 중국을 벗어나 아시아 전체에 퍼지게 됩니다. 그러나 송 말기에 이르러 상당히 지적인 색체를 띠게 됩니다.

"나무로 된 닭이 춤을 출 때 너의 참된 고향을 알리라."

물론 수행을 많이 한 수행자라면 이 말의 참뜻을 알 수도 있겠지요. 하지만 선불교의 언어가 점점 더 지적으로 고도화되면서 일상 수행과의 연결이 끊어졌습니다. 중국에서 선불교는 사라지고 말과 글만이 남게 됐습니다.

다행히 한국에서는 이런 방향으로 나아가지 않았습니다. 원효 대사부터 서산 대사에 이르기까지 한국은 여러 가지 불교의 전통들을 하나로 융합해서 통불교의 전통을 만들어 왔습니다. 이러한 전통과 가르침들이 하나로 융합돼서 조계종이 되었죠.


# 일상생활 속에서
# 참본성 발견하기


불교에서 전해지는 가르침은 많지만 가장 기본은 선입니다. 바로 우리의 참본성을 찾는 것입니다. 진리와 올바른 기능을 찾는 것입니다. 선불교가 아무리 발전을 해도 올바른 기능을 찾지 못한다면 선불교는 현재의 일상, 즉 현대사회에서 자리를 잡지 못하게 될 것입니다. 젊은 사람들은 더 이상 불교의 가르침을 따르지 않을 것입니다. 이것은 매우 중요한 문제이며 우리 모두 심각히 고민해야 할 문제입니다.

이런 현상이 서구에서는 매우 명확하게 나타납니다. 서구인들은 인생을 관통하는 보편적인 진리를 찾기도 하지만 매일의 일상 속에서 어떻게 하면 올바르게 살아갈 것인가를 제시해 줄 무엇인가를 찾고 있습니다.

선은 우리의 일상과 떨어진 것이 아닙니다. 명상은 앉아서만 하는 것이 아닙니다. 무엇인가를 하고 있을 때 함께 해야 합니다. 운전할 때에도 몸과 마음과 그 상황이 완전히 하나가 돼야합니다. 그렇게 운전하면 길에서 공을 갖고 놀고 있는 아이를 생각하기도 전에 그 현상을 볼 수 있습니다. 우리가 생각으로 판단하기 전에 앞에 있는 누군가가 불법 유턴을 하고 있음을 인지합니다. 그것이 바로 선명상입니다. 그런데 운전을 하면서 다른 생각을 한다면 문제가 생깁니다. 가정 문제를 생각하거나 아이들을 걱정한다면, 스님이 운전을 하면서 사찰의 걱정거리나 다른 스님에 대해 생각한다면 문제가 생깁니다. 바로 그 순간에 올바른 삶, 올바른 명상, 올바른 길을 잃어버렸기 때문입니다.

육조 대사가 말씀하셨습니다. "올바른 행동이야말로 불도에 다다르는 길이다." 그렇기 때문에 올바른 길과 우리의 참본성은 결코 분리되지 않습니다. 매일의 일상과 선이 분리되는 경우는 없습니다. 우리가 일상 속에서 그 순간을 얻게 된다면 젊은 사람들도 우리를 보고 그 길을 믿게 될 것입니다. 그러면 자연스럽게 젊은 사람들도 수행을 원하게 될 것입니다.


## 제 아무리 기술이 뛰어나도
## 방향이 틀리다면


물론 그 길이 쉽지는 않습니다. 그것은 마치 골프에서 홀인원을 하는 것과 같습니다. 그런데 공을 세게 친다고 모두가 홀인원을 할 수 있는 것은 아닙니다. 물론 홀인원 하는 사람들을 보면서 감탄과 찬사를 할 수는 있습니다. 하지만 모두가 처음부터 홀인원을 해야 한다는 기대를 갖는다면 누구도 수행을 하지 않을 것입니다. 홀인원 같은 깨달음을 얻는 것도 중요하지만 그보다 더 중요한 것은 깨달음의 올바른 뜻이 무엇인가를 아는 것입니다.

30여 년쯤 전에 숭산 스님이 미국에서 공부하고 계실 때 열심히 수행을 하던 한 미국인 여성 불자가 스님을 찾아왔습니다. 그녀는 스님께 물었습니다. "깨달음을 얻기 위해 열심히 수행하는데 잘되질 않습니다." 그러자 숭산 스님께서는 "그대가 깨달음을 원하고 있는 것이 문제"라며 "깨달음을 얻으면 무엇을 할 것인가?"라고 되물으셨습니다. 그 여자는 아무 대답도 못했습니다. 그녀는 깨달음의 올바른 진의가 무엇인가를 알지 못했던 것입니다. 그것은 인간의 올바른 방향이 무엇인지 이해하지 못하고 있었다는 뜻입니다.

올바른 방향이 무엇인가를 알지 못한다면 아무리 좋은 테크닉을 가져도 소용없습니다. 서울에 있는 사람이 부산에 가고자 한다면 비행기를 탈 수도 있고 기차를 탈 수도 있고 버스를 탈 수도 있습니다. 차를 몰거나, 자전거를 타거나, 말을 타거나, 걸어갈 수 있습니다. 방향만 옳다면 어떻게 해서든 부산에 갈 수 있습니다. 그러나 아무리 좋은 수단을 이용하더라도 방향이 틀리면 부산이 아닌 개성이나 평양으로 가 버리게 될 것입니다. 밥을 젓가락으로 먹든 숟가락으로 먹든 포크로 먹든 맨손으로 먹든 밥을 먹는다는 것은 다 똑같습니다. 음식이 위 안으로 들어가는 데는 어떤 테크닉이든 상관없습니다. 그러나 방향이 틀렸다면 어떤 테크닉을 써도 여전히 배가 고플 것입니다. 우리가 수행의 올바른 방향, 인간으로서의 올바른 방향을 모른다면 우리의 마음은 늘 배가 고플 것입니다. 아무리 말을 잘한다 해도 전혀 도움이 안 됩니다. 왜냐하면 매일매일의 일상에서 할 수 없으니까요. 서울에 있는 사람이 대전으로 간다면 남쪽으로 가라 하겠지요. 하지만 부산에 있는 사람이 대전으로 간다면 북쪽으로 가라 할 것입니다. 말은 다르지만 방향은 같습니다. 참선, 염불, 절 또는 가족을 돌보는 일이든 방향만 옳다면 깨달음을 얻고 중생을 구하는 데 도움이 될 것입니다.

그렇다면 올바른 방향이란 과연 무엇일까요. 질문을 하나 하겠습니다. 우리는 매일 음식을 먹는데 왜 먹을까요? 혀를 위해서입니까, 위장을 위해서입니까? 아니면 맛이 좋거나 배부른 느낌이 좋아서입니까? 에너지를 얻기 위해서라고 답할 수도 있겠지요. 그러면 그 에너지는 어디에 쓰기 위해서일까요? 가족을 위해서일 수도 있고 부처님을 위해서일 수도 있습니다. 동물들도 배가 부르기 위해 밥을 먹고, 새끼에게 젖을 주기 위해 밥을 먹기도 합니다. 모든 살아 있는 것들은 살기 위해 음식을 먹습니다.

하지만 동물과 인간 사이에는 다름이 존재합니다. 동물은 자기가 처한 그때의 상황만 이해합니다. 뱀이 코끼리의 상황을 이해하지 못하고 새가 개나 곤충의 상황을 이해하지 못합니다. 동물들은 그 자신의 즉각적인 상황만 이해합니다. 하지만 인간은 다릅니다. 사람은 모든 존재, 모든 사물의 상황을 이해할 수 있는 잠재력을 갖고 있습니다. 왜 그런 능력이 있는지는 누구도 모릅니다. 그런데도 불구하고 인간은 모든 상황을 이해할 수 있는 가능성을 갖고 태어났습니다. 그런 인간의 삶의 목적은 무엇일까요?

　세상에는 많은 문제가 있습니다. 어느 장소든, 어떤 형태로든 문제가 생깁니다. 특히 불교에서는 모든 인간이 갖고 있는 생로병사에 대해 다루고 있습니다. 우리가 불교를 믿는 것은 생로병사의 고통에서 벗어나기 위해서입니다. 순간순간 우리의 올바른 방향이 무엇인가를 생각합니다.


## 하십시오,
## 그저 따라가십시오


여러분은 설거지할 때 어떻게 하나요. 저는 설거지하면서 '인간은 왜 밥을 먹어야 하는 거야? 밥을 먹지 않으면 설거지를 하지 않아도 될 텐데.'라고 생각한 적이 있습니다. 또 '지금 나는 왜 절에 와서 설거지를 하고 있을까?' 하고 생각한 적도 있습니다. 하지만 올바른 길은 '그냥 하는 것'이었습니다. 내가 없고 나와 너, 나와 상황, 나와 우주가 완전히 하나가 되는 것입니다. 그러면 갑자기 흐르는 물이 맑게 느껴지고 내가 누구인가가 명백해지기도 합니다. 그냥 하면 됩니다.

　염불을 하고 계시다면 염불하며 설거지하고, 관세음보살을 염송하신다면 관세음보살을 염송하면서 설거지하면 됩니다. 그렇게 하다 보면 지혜가 나타납니다. 인간의 바른 기능이 무엇인지 알게 됩니다. 나의 본성을 찾고 모든 중생을 돕는 것입니다.

그런데 문제는 중생의 숫자가 한없이 많고 우리는 이 모든 중생을 구하겠다고 서원했다는 점입니다. 그것은 불가능해 보이기도 합니다. 하지만 그렇기 때문에 수행의 방향은 무한합니다. 우리가 거기에 도달할지 도달하지 못할지는 중요하지 않습니다. 하십시오. 그러면 나와 나의 방향은 하나가 됩니다. 그러면 인생 그 자체가 올바른 방향이 됩니다. 그저 따라가십시오. 중국의 대혜 선사는 '바꿀 것이 아무것도 없다'고 하셨습니다. '바보 같은 생각, 모든 생각을 다 버리라'고 하셨습니다. 지금 이 순간 내가 올바른 생각을 하는 것을 방해하는 것이 무엇인가를 생각해 보십시오. 그것만 버리면 길은 열립니다. 우리가 길 없는 길이라고 하는 것은 바로 그런 까닭입니다.

지금 우리가 바로 이 순간으로 돌아와 바로 이 순간을 이루게 된다면 많은 젊은 사람이 선불교를 통해서 인생의 방향을 얻게 될 뿐만 아니라 인생의 매 순간순간 어떻게 하면 바른길로 갈 수 있게 될 것인가를 알고 수행하게 될 것입니다. 그것이 바로 모든 중생을 위한 위대한 인생의 길입니다. 성불하십시오.



대봉 스님

월호 스님

동국대 선(禪)학과에서 박사학위를 받고 지리산 쌍계사로 입산 출가하였다.
쌍계사 강원을 졸업하고 제방 선원에서 정진하였으며, 고산 큰스님으로부터
강맥을 전수받았다. 현재 쌍계사 승가대학장, 행불선원장으로 있으며,
불교TV에서 〈월호 스님과 함께하는 BTN 즉문즉설〉을 진행하고 있다. 저서로
『삶은 환타지다』, 『당신이 주인공입니다』, 『행복도 내 작품입니다(금강경 강의)』
등 다수가 있다.

# 인생의 스트레스가
# 수행의 꽃을 피운다

현대사회는 스트레스 사회라고 합니다. 현대인들, 특히 도시인들은 누구나 알든 모르든 스트레스를 받습니다. 스트레스를 안 받는 것은 사실상 불가능합니다. 그러니 스트레스를 잘 활용해서 꽃을 피워야 합니다. 제가 난초를 몇 개 키우는데 꽃이 아주 잘 핍니다. 평소 도통 꽃이 안 피던 화초도 제가 키우면 꽃을 피우더라구요. 그래서 저는 제가 화초를 아주 잘 키우는 재주가 있는 줄 알았습니다. 그런데 나중에 전문가의 말을 들어 보니 화초가 꽃을 피운다는 것은 자손을 남기기 위한 것으로, 스트레스를 많이 받아서 생명에 위협을 느낄 때 마지막 수단으로 꽃을 피운다는 것입니다. 그러고 보니 저는 물도 제때 안 주고 제대로 관리를 안 했거든요. 그러니 화초 입장에서는 '월호 스님만 믿고 있다가는 언제 죽을지 모르니 빨리 꽃을 피워 후손을 남겨야겠다'고 위기의식을 느끼지 않았겠습니까. 그러니 제가 화초를 잘 키운 것이 아니라 저 때문에 화초들이 엄청난 스트레스를 받아 꽃을 피운 것입니다.


## 스트레스는
## 나의 힘이다


이처럼 스트레스가 오히려 꽃을 피우는 원동력이 되었습니다. 그러니 여러분도 스트레스가 없기를 바랄 것이 아니라 스트레스를 이용해 깨달음의 꽃을 피워야 합니다. 스트레스가 없으면 수행도 없고 수행이 없으면 진전도 없습니다. 모든 일이 잘 풀리고 돈이 많고 원하는 바가 모두 이뤄진다면 아마 여러분도 이 자리에 계시지 않을 것입니다. 스트레스가 있을 때 사람은 자기를 돌아보게 됩니다. 스트레스가 너무 심해도 안 되겠지만 그렇다고 해서 스트레스가 전혀 없기를 바랄 필요도 없습니다.

일이 잘 풀리면 '웬일이지?' 이렇게 생각하고, 일이 잘 안 풀리면 '당연하지.' 이렇게 생각해야 합니다. 그런데 대부분의 사람들은 이것을 반대로 생각합니다. 우리가 지금 있는 곳은 극락세계가 아니고 사바세계입니다. 사바세계는 고통을 참아내야 하는 세상입니다. 지옥은 고통만 있는 세계고 극락은 즐거움만 있는 세계지요. 그에 비해 사바세계는 고통 반, 즐거움 반인 세계입니다. 그래서 공부하기에는 가장 좋은 세계인 것이지요.

그래도 스트레스를 받을 때는 어떻게 해야 할까요. 오늘 말씀드리려는 요점입니다.


## 3인칭 시점으로
## 나를 관찰하기


스트레스를 받으면 화가 나지요. 화가 날 때면 우선 그것을 잘 관찰해야 합니다. 화가 난다는 점을 알아차리면 화를 내는 대상에 이름, 닉네임을 붙이세요. 예를 들어 제 안에서 화가 나면 '월호가 화를 내는구나.' 하고 그것을 관찰하면 됩니다. 저는 법명이 월호일 뿐 월호 그 자체가 아니지요. 그러니 저는 제3자의 입장에서 화를 내고 있는 월호를 바라보게 됩니다. 즉 스트레스를 '나'의 것으로 지켜보는 것이 아니라, 이름뿐인 '월호'라는 허상의 것으로 지켜보는 것입니다. 그러고 난 후에는 그 상황을 말로 표현합니다. "월호가 화를 내고 있구나." 하고 두세 번 말로 표현하면 상황을 해소하는 데 큰 도움이 됩니다.

이런 일이 익숙해지면 냉철한 지혜가 생깁니다. 흥분하거나 격앙되면 실수를 하게 되는데 이런 방법을 통해 마음의 평정을



월호 스님

유지하면 지혜롭게 상황을 보고 대처할 수 있습니다. 그러면 어려움을 좀 더 쉽게 해결할 수 있습니다.

불교는 관찰의 종교입니다. 초기불교의 수행법도 '사념처', 즉 몸보기, 마음보기, 오온보기로 관찰을 하는 것입니다. 이것이 불교 수행의 핵심입니다. 그래서 부처님께서도 '몸과 마음을 관찰하지 않으며 백년을 사는 것보다, 몸과 마음을 관찰하며 하루를 사는 것이 더욱 값지다'고 하신 것입니다.

스트레스 역시 정체를 파악하는 것이 우선입니다. 스트레스는 주인이 아니고 손님임을 알고 스트레스가 일어나면 곧바로 그것을 알아차려 이름을 붙입니다. 이름은 현상, 임시 이름일 뿐 실체가 없는 것입니다. "반야바라밀은 반야바라밀이 아니고 이름이 반야바라밀일 뿐이다."는『금강경』의 말씀과도 통하는 것입니다. 그다음은 살펴보는 것입니다. '오는 손님 막지 말고 가는 손님 잡지 말라'는 말이 있지요. 스트레스가 없는 날은 공치는 날입니다. 스트레스가 있어야 진전이 있는데 스트레스가 없으니 공치는 날이지요. 그러니 오는 스트레스를 막지 말고 가는 스트레스를 잡지 말아야 합니다. 『대승기신론』을 보면 "범부는 잡념이 생겨나서 머물렀다 사그라져야 비로소 알아차린다. 초발심보살은 잡념이 생겨나서 머무르는 동안 알아차려 내보낸다. 일정 경지에 오른 보살은 잡념이 일어나자마자 알아차려 내보낸다. 보살 십지에 이른 이는 방편으로 생각 일으키나 일으켰다는 생각이 없

다.”는 가르침이 나옵니다. 우리가 스트레스를 얼마나 빨리 알아
차려 없애느냐에 따라 그 사람의 경지가 구분된다는 것입니다.
여러분도 마음공부의 단계를 이와 같은 방법으로 측정할 수 있습
니다. 각자 스스로의 경지를 측정해 보시기 바랍니다.


## 나의 세계를 넓힌
## 공생 관계


이렇게 한 후 본래 공부로 돌아가면 됩니다. “보이는 것을 보기
만 하고, 들리는 것을 듣기만 하고, 느끼는 것을 느끼기만 하고,
아는 것을 알기만 하라. 이렇게 한다면, 그대는 그것과 함께하
지 않을 것이다. 그것과 함께하지 않을 때 거기에는 그대가 없
다. 이것이 고통의 소멸이다.”라는 말씀이 「우다나 바히야경」에
나옵니다. 이것이 바히야라는 어부에게 전하신 가르침, 「바히야
경」의 전문입니다. ‘볼 때 보기만 하고 들을 때 듣기만 하고 느낄
때 느끼기만 하고 알 때는 알기만 하라. 그럴 때 거기에 그대는
없다’는 것입니다. 즉 내가 보고, 듣고, 느끼고, 아는 것이 아니라
그냥 보고, 듣고, 느끼고, 앎만 있습니다. 무아입니다. 짧지만 불
교의 모든 핵심이 들어 있는 것입니다. 이 말씀을 듣고 바히야는
그 자리에서 바로 아라한이 되었다고 합니다.



월호 스님

위와 같이 된다면 천만다행이지만, 그렇지 않고 번뇌가 치성한 경우에는 응급 처방으로 '모든 고통 사라지는 진언'을 외웁니다. 고통이 극심한 경우 일단 응급 처방을 해야 하는 것처럼 말입니다. '가떼 가떼 빠라가떼 빠라상가떼 보디 쓰와하', 즉 '가자, 가자, 건너가자! 입자에서 파동으로!'라는 『반야심경』의 마지막 진언입니다.

현대 과학에서 최근 용어 중에 '관찰자 효과'라는 것이 있습니다. 최고의 물리학자들이 세포를 구성하는 모든 원자를 계속 분해해서 더 이상 분해할 수 없는 최소 단위의 입자로 만든 후 '미립자'라는 이름을 붙였습니다. 그러고는 이 미립자가 입자인지 파동인지를 관찰했습니다. 그러자 놀라운 결과가 나타났습니다. 미립자를 입자라고 생각하고 보면 입자로 나타나고, 파동이라 생각하고 보면 파동으로 나타나는 것입니다. 관찰하는 사람의 마음에 따라 입자로도 나타나고 파동으로도 나타나는 것입니다. 이것이 공(空)한 것입니다. 불교의 공 사상이 현대 과학에서 입증된 것입니다. 실체가 없이 유심조, 마음먹기에 달려 있다는 것입니다.

우리가 입자로서의 삶을 살 것이냐, 파동으로서의 삶을 살 것이냐는 결국 마음먹기에 달려 있습니다. 여러분도 입자일 수 있고 파동일 수 있습니다. 나, 몸, 내 가족에 국한된 삶이 입자로서의 삶입니다. 파동으로서의 삶은 너와 나가 물결로서 공생하는 삶입니다. 여러분도 입자의 삶에서 파동의 삶으로 마음가짐을 먹고 사는 것이 자기를 넓히는 것이 되는 것입니다. 성불은 행불로부터입니다. 부처의 행을 수행하는 것입니다. 중생이 부처 되는 것은 하늘의 별따기보다 어렵지만 본래 부처가 부처 되는 것은 본래의 모습을 확인만 하면 되니 참 쉬운 것입니다. 그것이 행불입니다. 부처의 행을 수행하는 것이 행불이고, 성불은 행불로부터 시작됩니다. 여러분 모두 행불하십시오.



월호 스님

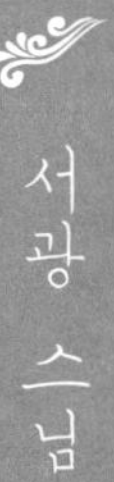

서
광
스
님

현 (사)한국명상심리상담연구원장, 운문승가대학 교수이다.
대학과 대학원에서 심리학을 공부하고 1992년 운문사 명성 스님을 은사로
출가했으며, 이후 미국에서 종교심리학 석사학위와 심리학(자아초월전공)
박사학위를 취득했다.
한국불교심리치료학회 운영위원으로 활동하고 있으며 동국대, 중앙승가대
등에서 불교심리학, 유식심리학, 명상상담, 자아초월 심리치료 관련 강의와
워크숍 및 집단프로그램 등을 실시하고 있다.
지은 책로는 『치유하는 유식읽기』, 『치유하는 불교읽기』, 『나를 치유하는
마음여행』, 『현대심리학으로 풀어본 유식30송』, 『한영불교사전』 등이 있고,
박사논문으로는 「Exploring the Spiritual Development Model of Mahayana
Seon Practice from the Perspective of Transpersonal Developmant and
Healing」, 「자아초월 심리학적 관점에서 본 유식5위」 등이 있다.

# 나, 너, 세상이 하나 될 때
# 행복은 더 가까워진다

인생을 살다 보면 예상하지 못한 일들이 많이 생깁니다. 예상하지 못한 사건이 좋은 쪽으로 일어나면 기쁘겠지만 그 반대라면 엄청난 스트레스나 심리적인 무게를 짊어져야 합니다. 예상치 못하게 생긴 좋은 일이 우리 인생의 행복이 되는 것만도 아니듯이 예상하지 못한 나쁜 일이 때론 인생의 터닝 포인트가 되기도 합니다. 그렇다면 우리는 예상치 못한 일에 어떻게 대응해야 할까요.

요즘 '힐링'이 유행입니다. 불교에도 힐링 바람이 불면서 공부 방식에 많은 변화가 일어나고 있습니다. 오늘날 불교에서 가장 큰 변화라면 첫 번째는 공부와 수행의 중심이 출가자에서 재가자로 많이 이동하고 있다는 점입니다. 두 번째는 불교 공부, 마음공부라는 것이 내 마음, 내 내면만 열심히 들여다보면 된다고 생각하던 것에서 이제는 나에게만 집중해서는 안 된다는 인식이 확산되고 있다는 점입니다. 세 번째는 아직 우리나라에서는 미약하긴 하지만 젊은 불교, 과학의 옷을 입은 불교로 이동하고 있다는 점입니다.

이 가운데서 오늘 중점적으로 살펴보고자 하는 것은 바로 두 번째 변화, 즉 나 자신에게만 초점을 맞춰서는 안 된다는 점입니다. 기존의 불교 공부는 내 마음을 잘 들여다보고 살피는 것, 즉 내 내면을 살피는 데 초점을 두었습니다. 그런데 오늘날에는 그것만으로는 부족하게 됐습니다. 13세기 일본 가마쿠라 시대의 유명한 선사였던 도겐 스님은 이렇게 말했습니다. "불교를 공부하는 것은 자기를 공부하는 것이다. 그런데 자기를 공부하는 것은 자기를 잊는 것이다." 이것은 물론 『금강경』에서 말씀하신 아상(我相)을 내려놓는 것과 일맥상통합니다. 그런데 "나를 잊어버리는 공부를 한다는 것은 만물과 친해지는 것이다."라고 덧붙이십니다. 바로 이것이 오늘날의 힐링 열풍과 맞닿아 있습니다.

서양에서는 정신 치료가 불교를 만나면서 크게 변화하고 있습니다. 그 변화를 알아차림 수행, 혹은 마인드풀리스(mindfulness)라고 하는데 최근에는 그것이 오히려 우리나라와 불교계에 역수입되고 있습니다. 불교의 마음수행이 '나'에 대한 공부만 잘하면 된다고 생각하는 경우가 많은데, 그렇지 않습니다.

알아차림 수행이나 마인드풀리스 같은 것은 서양에서 새롭게 만들어 낸 것이 아닙니다. 옛 선사들이 이미 알고 있던 것입니다.

자기에 대해 공부한다는 것은 내 내면을 살핀다는 것이고, 자기를 잊는다는 것은 나와 너의 관계를 생각한다는 것입니다. 상대를 제대로 이해하기 위해서 나를 잊어야 한다는 뜻이기도 합니다. 나를 내세우면 대화나 소통이 안 됩니다. 부부 관계나 부모 자녀 관계에서도 나를 내세웠을 때 어떤 일이 일어납니까. 내 생각만 할 것이 아니라 상대의 생각에도 귀를 기울여야 합니다.

그리고 나와 너뿐 아니라 나와 너를 둘러싸고 있는 우리의 주변도 생각해야 합니다. 나만 깨끗하고 우리 집만 깨끗하게 한다고 해서 우리가 오염된 사회, 이 지구, 이 세상으로부터 자유로울 수는 없습니다.


## 나와 너 그리고
## 우리를 둘러싼 관계


여기까지 생각하게 되면 부처님께서 깨달으신 연기의 진정한 의미를 알 수 있게 됩니다. 나만, 내 마음만 생각해서는 안 됩니다. 나에 대한 공부만으로는 부족합니다. 내가 아닌 너는 어떻게 생각하고 느끼고 경험하는지에 대해 우리는 관심을 가져야 합니



서광 스님

다. 또 우리가 진짜로 행복하기 위해선 나와 너뿐 아니라 우리를 둘러싸고 있는 환경에 대해서도 생각해야 합니다. 이 세 가지를 함께 생각하며 공부할 때 우리의 수행이 진전되고 내 마음이 커지고 깊어지며 인생이 행복해질 수 있습니다. 그럴 때 남의 시선이나 물질로부터도 자유로워질 수 있습니다.

우리가 마음공부를 하는 궁극적인 이유는 단순히 부처님에 대해 알기 위해서가 아닙니다. 내가 행복해지기 위해, 내 마음이 건강해지기 위해서입니다. 그러기 위해서는 내 마음만 아는 것으로는 부족합니다. 하나의 상황이나 사건에 대해 내 마음이 어떻게 알고 있는지를 스스로가 정확히 알아차린다고 해도 그것은 오직 내가 그렇게 알 뿐입니다. 상대는 다르게 아는 경우가 훨씬 더 많습니다. 그러므로 나만 알고 내 마음만 진실한 것으로는 부족합니다. 그것만으로는 치유, 특히 관계에서의 치유는 전혀 일어나지 않습니다. 가정 폭력, 이혼, 학교 폭력 등 여러가지 사회 문제의 근본 원인은 대부분 이 세 가지 중에 어느 하나에만 신경을 썼기 때문입니다. 나에 대해서만 집중해서도 안 되고 너에 대해서만 집중해서도 안 됩니다. 나와 너, 그리고 나와 너를 둘러싼 환경, 즉 세상이 조화를 이룰 때 문제의 해법을 찾고 더불어 함께 성장할 수 있는 것입니다.

분노나 비난하는 감정의 밑바탕에는 애정이 있습니다. 기대나 사랑이 있습니다. 누군가를 비난하는 것은 굉장한 에너지이며 관심입니다. 하지만 정작 본인은 그것을 모르는 경우가 많습니다. 반대로 듣는 사람이 그것을 모를 수가 있습니다. 그럴 때면 잠깐 멈추고 서로의 감정에 귀를 기울이는 시간이 필요합니다.

그 힘은 마음수행, 호흡에서 나옵니다. 자각하는 것, 알아차리는 것입니다. 이것을 전문용어로는 '공간 만들기'라고 합니다. 나와 나 사이에, 나와 너 사이에 공간을 만드는 것입니다. 다툼은 나와 너 사이에서만 일어나는 것이 아닙니다. 나와 나 사이에서도 치열한 싸움이 벌어집니다. 내 내면에서 내 몸과 마음이 일치하지 않는 경우가 무수히 많습니다. 몸 따로, 마음 따로인 경우가 많습니다. 감정이나 생각, 기억에 휘말리는 경우입니다. 특히 화가 나거나 당황하고 좌절하는 감정에 휘말리게 되면, 처음에는 자기 자신을 원망하지만 결국에는 원망할 상대를 찾게 되고, 주변이나 가까이 있는 상대를 비난하게 됩니다. 그리고 원망하는 마음에 휩싸여 또 다른 고통을 만들어 내게 됩니다. 이것을 경계하셔서 부처님께서는 "두 번째 화살에 맞지 말라."고 하신 것입니다.

불교 공부, 마음수행이라는 것은 주어진 상황, 조건에서 최선의 선택을 찾는 것입니다.



서광스님

# 지금 이 순간을
# 살아라

그렇다면 나를 찾는 것과 나를 잊는 것은 어떻게 조화를 이뤄야 할까요. 나를 잊는 것은 모든 이, 만물과 친해지는 것입니다.

나를 잊는다고 했을 때의 나는 번뇌 망상의 나입니다. '나'라고 하는 것이 반드시 나쁜 것은 아닙니다. 자아가 있어서 수행할 마음도 내고, 보시할 마음도 내고, 친절과 자비심도 베풀게 됩니다. 하지만 반대로 그 자아가 있기 때문에 잘난 척도 하고 남을 무시하기도 하고 남의 것을 빼앗기도 하고 파괴하기도 합니다.

나를 잊는다고 했을 때의 나는 불건강하게 작용하는 나를 의미합니다. 과거의 사건을 떠올리며 분노하거나 미워하거나 원망하는 나, 한때의 잘나가던 나에 집착해 지금의 온전한 관계를 방해하는 나입니다.

나를 잊으라는 말은 달리 말해 '지금-여기에 있으라'는 것입니다. '현재에 머무르라'는 것입니다. 지금의 나에 포커스를 맞추는 것입니다.

'나를 찾는다는 것'은 끝없는 고민, 사유, 추구, 알아가는 것을 가능하게 하는 근본 에너지입니다. 그것은 오로지 인간의 마음에서만 가능합니다. 지옥의 중생이나 천상의 중생에게는 그런

특징이 없습니다. 그런데 이때 '나는 누구인가'의 포커스가 '나' 라는 명사에 찍히면 안 됩니다. 명사가 아니라 동사여야 합니다. '나'라는 존재에 대한 '사유', 그 의미와 진실성에 대한 '추구'여야 합니다. 불교 공부를 할 때 주의해야 할 것은 개념이나 관념이 아니라 동사, 행위입니다. 끊임없이 실천하고 추구하는 행위여야지 방점이 개념에 찍히면 관념으로 흐르고 맙니다. 실천과는 무관한 사고 작용이 되고 맙니다. 쉼 없이, 멈춤 없이 나와 너, 세상과 더불어 성장하고 변화하는 '나'를 찾으시기 바랍니다.



서광 스님

내게 와
부딪히는
바람도
사랑하라

기억에 남는 명법문 · 05

2014년 3월 24일 초판 1쇄 발행

《법보신문》· 월간《불광》공동 기획
저자 지선 스님 외 17명
펴낸이 박상근(至弘) · 주간 류지호 · 책임편집 천은희 · 편집 이기선, 정선경, 이길호, 천은희
디자인 백지원 · 제작 김명환 · 홍보마케팅 김대현, 한동우 · 관리 윤애경

펴낸 곳 불광출판사 110-140 서울시 종로구 우정국로 45-13, 3층
　　　 대표전화 02) 420-3200　편집부 02) 420-3300　팩시밀리 02) 420-3400
　　　 출판등록 제1-183호(1979. 10. 10)
　　　 ISBN 978-89-7479-049-3　03220

　　　 이 도서의 국립중앙도서관 출판시도서목록(CIP)은
　　　 서지정보유통지원시스템 홈페이지(http://seoji.nl.go.kr)와
　　　 국가자료공동목록시스템(http://www.nl.go.kr/kolisnet)에서 이용하실 수 있습니다.
　　　 (CIP제어번호: CIP2014008734)

책값은 뒤표지에 있습니다.
잘못된 책은 구입하신 서점에서 바꾸어 드립니다.